Inglês para hotelaria

Inglês para hotelaria

Para profissionais das áreas de hospedagem de hotéis e pousadas

Tânia De Chiaro

© 2012 Tânia de Chiaro
Preparação de texto: Larissa Lino Barbosa / Verba Editorial
Capa e Projeto gráfico: Alberto Mateus
Foto de capa: istockphotos
Diagramação: Crayon Editorial
Ilustrações: Carlos Cunha
Assistente editorial: Aline Naomi Sassaki

CD
Locutores: Michael Miller, Robert Young e Shirly Gabay
Produtora: jm Produção de Áudio

Dados Internacionais de Catalogação na Publicação (CIP)
(Câmara Brasileira do Livro, SP, Brasil)

Chiaro, Tania De
  Inglês para hotelaria : para profissionais das áreas de hospedagem de hotéis e pousadas / Tania De Chiaro. – Barueri, SP : DISAL, 2012.

  ISBN 978-85-7844-106-7

  1. Hotelaria 2. Inglês - Estudo e ensino 3. Turismo I. Título.

12-05466   CDD-428

Índices para catálogo sistemático:
1. Inglês : Hotelaria e turismo : Linguística aplicada 428

Todos os direitos reservados em nome de:
Bantim, Canato e Guazzelli Editora Ltda.

Alameda Mamoré 911 – cj. 107
Alphaville – BARUERI – SP
CEP: 06454-040
Tel. / Fax: (11) 4195-2811
Visite nosso site: www.disaleditora.com.br
Televendas: (11) 3226-3111

Fax gratuito: 0800 7707 105/106
E-mail para pedidos: comercialdisal@disal.com.br

Nenhuma parte desta publicação pode ser reproduzida, arquivada ou transmitida de nenhuma forma ou meio sem permissão expressa e por escrito da Editora.

Meus sinceros agradecimentos àqueles com quem
caminhei e aprendi nesses 20 anos de jornada.
Vocês são as entrelinhas deste livro.

SUMÁRIO

Boas vindas e GUIA DE ESTUDO 11

GETTING STARTED 15

Introductions and greetings 15

Useful language 17

For emergencies 18

CHAPTER 1 RECEPTION SERVICES

Situation 1 **A new guest is arriving** 22

Situation 2 **On the way to the room** 27

Situation 3 **Arriving at the room** 31

Situation 4 **Showing the room to the guest** 35

Situation 5 **The guest is checking out** 40

Vocabulary 44

Basics 46

Glossary 1 50

Bonus 1 53

Quiz 1 54

Chapter 1 answers 55

CHAPTER 2 HOUSEKEEPING SERVICES

Situation 1 **Permission to clean the room** 62

Situation 2 **Do not disturb** 68

Situation 3 **Checking the minibar in a hotel room** 74

Situation 4	**Picking up laundry**	79
Situation 5	**Delivering laundry**	85
Situation 6	**Offering the turn down service**	90
Vocabulary		94
Basics		98
Glossary 2		101
Bonus 2		103
Quiz 2		104
Chapter 2 answers		106

CHAPTER 3 — MAINTENANCE SERVICES

Situation 1	**Electrical maintenance problems**	112
Situation 2	**Plumbing maintenance problems**	117
Situation 3	**Repairing something**	122
Vocabulary		127
Glossary 3		129
Bonus 3		131
Quiz 3		132
Chapter 3 answers		133

CHAPTER 4 — SECURITY SERVICES

Situation 1	**Solving a problem with the keycard**	138
Situation 2	**Solving a problem with the safe**	142
Situation 3	**Giving safety advice to the guest**	146
Vocabulary		150
Glossary 4		151
Bonus 4		153
Quiz 4		153
Chapter 4 answers		155

CHAPTER 5	**PROBLEM SOLVING**	

Situation 1	**The guest is requesting an item**	160
Situation 2	**The guest is requesting a service**	166
Situation 3	**Lost and found**	171
Situation 4	**Giving instructions to operate equipment**	175
Situation 5	**The guest needs help**	180
Vocabulary		184
Basics		186
Glossary 5		186
Bonus 5		188
Quiz 5		189
Chapter 5 answers		191

CHAPTER 6	**GENERAL INFORMATION**	

Situation 1	**Informing about items in the room**	196
Situation 2	**Informing about services, places and opening times in the hotel**	200
Situation 3	**Informing about transfer services**	206
Situation 4	**Informing about places in the city**	211
Vocabulary		214
Basics		215
Glossary 6		223
Bonus 6		224
Quiz 6		224
Chapter 6 answers		226

CD Track list	230

GUIA DE ESTUDO

Caro aluno,

É com grande alegria que apresentamos a você este material didático. Ele é especialmente dedicado a você, profissional das áreas de hospedagem de hotéis e pousadas.

Se você é camareira ou arrumador, mensageiro ou capitão porteiro, segurança, atendente de manutenção ou manobrista de um hotel e recebe constantemente hóspedes estrangeiros, esperamos que este livro contribua em sua busca por conhecimento de inglês específico e formação na área.

Você, que interage com clientes ou hóspedes estrangeiros constantemente, sabe, melhor do que ninguém, a importância do conhecimento de inglês para o desempenho de suas funções.

Leia abaixo algumas dicas de como utilizar o livro para aproveitá-lo melhor.

TÍTULOS	O QUE É	DICAS DA PROFESSORA
●●● AQUECENDO	Indica o início de cada situação e serve para ajudar você a relembrar aquilo que já sabe.	Ao pensar sobre aquilo que você já sabe, você se prepara para aprender mais sobre o tema.
◀ ATENÇÃO	Indica alguma dica sobre aquele assunto específico ou algum ponto em que podem ocorrer erros comuns.	Estude e preste sempre atenção!
SITUATION	Indica as situações (diálogos) comuns à rotina dos departamentos que compõem a área de hospedagem. Nesses diálogos, as frases apresentadas aos alunos pela primeira vez são sublinhadas, e as frases ou palavras em *itálico* podem ser substituídas. Note: não colocamos *itálicos* nas frases dos hóspedes, mas devemos lembrá-lo que há várias formas de se falar algo. As frases dos hóspedes apresentadas nos diálogos são apenas exemplos.	Onde houver palavras ou frases em *itálico* você pode substituí-las por outras, adequando os diálogos aos procedimentos de seu local de trabalho. Em *variations*, vamos ajudá-lo a fazer isso. Sugerimos que faça este exercício oralmente.
STUDY	Indica um momento de seu estudo em que há possibilidade de expandir conhecimentos referentes àquele assunto ou frase.	Procure a página indicada, estude o que foi recomendado e faça os exercícios sugeridos. Depois volte à situação que estava estudando.

TÍTULOS	O QUE É	DICAS DA PROFESSORA
REVIEW	Sugere uma revisão de um conteúdo anterior	Quando algum assunto for retomado para ser expandido, você pode revisá-lo desde o momento do livro em que ele apareceu pela primeira vez.
LISTEN AND REPEAT **LISTEN AND READ**	Indica que esta parte do livro está no CD. Há uma lista desses conteúdos e suas respectivas faixas ao final do livro para sua referência.	Acompanhe a leitura e ouça com atenção para se acostumar à pronúncia. Depois, se desejar, você pode repetir. Ao repetir, procure reproduzir o som da forma mais parecida que conseguir.
COMPREHENSION	Indica um exercício da situação apresentada.	Para que você aprenda e para evitar o uso das traduções, oferecemos um exercício de compreensão da situação antes de seguirmos estudando o tema. Para compreender, busque no texto indícios que confirmem se aquela afirmação é verdadeira ou falsa.
VARIATIONS	Indica algumas variações possíveis nas situações. Elas servem para você adequar as situações aprendidas aos procedimentos do local em que trabalha. Servem também para você se preparar para ouvir algo de diferentes formas e não se sentir perdido.	Nossa interação com as pessoas não tem um roteiro fixo, depende de como segue a conversa. Por isso, devemos estar preparados para entender a solicitação do hóspede e respondê-la adequadamente. Em *Variations*, estaremos expostos a diferentes formas de falar e ouvir algumas frases apresentadas na situação. Você deve ler as explicações e pode usar o cd para repeti las.
EXERCISE(S)	Indica os exercícios propostos	Recomendamos que procure fazer os exercícios sem consultar as informações que você recebeu. É uma forma de estudar e de verificar como está o seu aprendizado.
THINK ABOUT	Indica uma questão a ser pensada.	Às vezes aprendemos algo em determinada situação e esquecemos que poderíamos usar a mesma solução em outra situação. Esta reflexão ajuda a pensar sobre isso entre outras coisas.
VOCABULARY	Indica que você vai aprender vocabulário ligado àquela situação, diálogo ou contexto.	Aprender vocabulário enriquece muito o nosso conhecimento de inglês. Faça os exercícios propostos e então pratique a pronúncia utilizando o CD. Para acompanhar o CD, utilize as listas escritas de vocabulário.

TÍTULOS	O QUE É	DICAS DA PROFESSORA
BASICS	Indica os assuntos básicos que todos devemos saber em inglês, como números, horas e dias da semana, por exemplo.	São tópicos muito úteis no atendimento. Faça os exercícios propostos e pratique a pronúncia utilizando o CD.
GLOSSARY	Indica o resumo do que foi aprendido no capítulo. A primeira coluna *Functions* indica para que servem as frases. Logo em seguida (*English*), estão as frases aprendidas, divididas pelas situações (*Sit*) em que elas aparecem pela primeira vez. Lembre-se que as palavras e frases em *itálico* podem ser substuídas. A coluna *Portuguese* traz uma tradução livre e não literal, que visa à compreensão do uso da frase nos determinados contextos e a coluna *Professional tips* contém dicas profissionais para você.	Com o glossário é possível fazer revisões. Cubra, por exemplo, a coluna *English* e, olhando a coluna *Functions*, diga, em voz alta, a frase correspondente que está na coluna coberta. Se você tiver alguma dúvida, volte à situação em que a frase apareceu pela primeira vez para esclarecer. Se você aprendeu várias formas de falar algo naquele capítulo, o *Glossary* trará uma única forma em *itálico*, para que você se lembre que há outras. Tente lembrá-las oralmente antes de consultar a situação, ou ouça o cd para aquela situação.
BONUS	Indica a atividade de revisão do capítulo.	Faça sem consultar as informações do capítulo para testar se está pronto para a última etapa, o *Quiz*.
QUIZ	Indica uma atividade que testará o que você aprendeu naquele capítulo. Este teste está no CD todo em inglês, incluindo suas instruções. No primeiro exercício, você ouvirá uma fala do cliente e deverá marcar a resposta adequada. No segundo exercício, você vai ouvir uma frase e deverá marcar com o número correspondente o desenho que representa uma palavra dita na frase.	Recomendamos que, se você acertar oito ou mais questões, siga para o capítulo seguinte. Caso acerte menos, recomendamos que volte à revisão ou qualquer outro ponto do capítulo que não tenha ficado claro para você.
ANSWERS	Indica as respostas aos exercícios e teste do capítulo. Se o exercício tem resposta única, ela será indicada. Para exercícios que têm várias respostas possíveis, indicaremos algumas sugestões. Para perguntas abertas, as respostas são livres.	Depois de feitos os exercícios, você pode verificar as respostas no final do capítulo. Se tiver acertado, significa que está no caminho certo, parabéns! Se tiver errado, o mais importante é que compreenda a razão de seu erro e procure refazer o exercício.

No início de cada capítulo há ícone(s) que indica(m) o(s) departamento(s) que pode(m) se beneficiar do estudo daquele capítulo.

A seguir estão listados alguns profissionais das áreas de hospedagem que costumam ter contato direto com o cliente e os respectivos ícones utilizados neste livro:

MENSAGEIROS

Reception (recepção):
BELLBOY (MENSAGEIRO)
DOORMAN (CAPITÃO PORTEIRO)
CONCIERGE (CONCIERGE)
PARKING VALET (MANOBRISTA)

GOVERNANÇA

Housekeeping department (departamento de governança):
HOUSEKEEPER (Esta palavra significa GOVERNANTA, porém também pode ser usada como sinônimo de *chambermaid*)
SUPERVISOR (SUPERVISORA / SUPERVISOR)
CHAMBERMAID ou **MAID** (CAMAREIRA / ARRUMADEIRA)
ROOM ATTENDANT (CAMAREIRA / ARRUMADEIRA / ARRUMADOR)
LAUNDRY ATTENDANT (ATENDENTE DE LAVANDERIA)
CLEANING ATTENDANT (ATENDENTE DE LIMPEZA)

MANUTENÇÃO

Maintenance / Engineering department (departamento de manutenção ou engenharia):
MAINTENANCE / ENGINEERING ATTENDANT (ATENDENTE DE MANUTENÇÃO ou ENGENHARIA) ou **MAINTENANCE / ENGINEERING WORKER** (TRABALHADOR DE MANUTENÇÃO ou ENGENHARIA)

SEGURANÇA

Security department (departamento de segurança)
SECURITY GUARD (SEGURANÇA)

ATENÇÃO

- Para hóspedes, dizemos *guests*. Para PADRONIZAR, utilizamos em português *o hóspede*.
- Para clientes não hospedados, podemos dizer *customers*, *clients* ou *patrons*. PADRONIZAMOS *customer*. Em português, utilizamos a tradução *cliente*.
- Como o livro serve aos profissionais de vários setores da hotelaria dentro da área de hospedagem, utilizamos *employee* (colaborador ou funcionário).
- Dependendo da hospedagem que oferecem, os hotéis podem utilizar as palavras *quarto*, *apartamento*, *chalé*, *bangalô*, *casa*, entre outras. PADRONIZAMOS *apartamento* em português e mostraremos algumas possibilidades em inglês no capítulo introdutório.

Bons estudos!

GETTING STARTED

INTRODUCTIONS AND GREETINGS

LISTEN AND REPEAT

Aprenda a cumprimentar e se apresentar ao hóspede:

Employee: *Good morning, sir.*
My name is Cristina.
I'm a chambermaid.

Employee: *Good afternoon, ma'am.*
My name is Jefferson.
I'm a bellboy.

Employee: *Good evening, sir / ma'am.*
My name is Silva.
I'm an engineering attendant.

ATENÇÃO

I. Para cumprimentar um senhor, diga *sir*.
Se souber seu sobrenome, pode dizer, por exemplo, *Mr. Johnson*.
Para cumprimentar uma senhora, diga *ma'am*.
Se souber seu sobrenome, pode dizer, por exemplo, *Ms. Johnson*.

Não é correto dizer *Mr.* ou *Ms.* utilizando apenas o primeiro nome, como por exemplo, *Mr. Silvio*. É possível, no entanto, dizer *Mr. Silvio Soares*. É recomendável chamar o hóspede pelo nome sempre que souber.

II. Use ***a*** na frente de palavras que iniciam com consoantes, e ***an*** na frente de palavras que iniciam com sons de vogais.
A bellboy
An engineering attendant

EXERCISES

I. **Research**

Os hotéis podem utilizar diferentes nomenclaturas para seus profissionais. Peça ajuda a seus colegas e pesquise quais são os nomes das profissões utilizados no hotel em que você trabalha. Marque com um × e faça a tradução para o nome utilizado em português. Caso queira adicionar alguma profissão, utilize as linhas em branco. Um exemplo foi feito para você.

YES?	NAME	PORTUGUESE
	Receptionist:	
	Bellboy:	
	Bell captain:	
	Doorman:	
	Concierge:	
	Parking valet:	
×	Chambermaid:	arrumadeiras
	Housekeeper:	
	Supervisor:	
	Laundry attendant:	
	Room attendant:	
	Cleaning attendant:	
	Maintenance attendant / worker:	
	Engineering attendant / worker:	
	Security guard:	
	_____	
	_____	
	_____	

ATENÇÃO

➤ *Bell captain* e *doorman* são sinônimos.

➤ A palavra *chambermaid* deve ser usada apenas para identificar as profissionais mulheres (arrumadeiras ou camareiras), enquanto a palavra *room attendant* pode ser usada para homens e mulheres (atendente de apartamento).

II. **Write**

Escreva a seguir como você falaria, de acordo com seu turno de trabalho e ocupação.

Good _____.

My name is _____.

I'm _____   _____.

USEFUL LANGUAGE
LISTEN AND REPEAT

Há expressões que podemos utilizar em várias situações, é bom aprendê-las logo! Vamos lá:

ENGLISH	FUNCTION
Thank you.	Agradecer
You are welcome. It's a pleasure. My pleasure. Not at all.	Responder a um agradecimento
Have a nice day.	Desejar um bom dia
Have a nice stay.	Desejar uma boa estada
Have a nice trip.	Desejar uma boa viagem
Have a good night.	Desejar uma boa noite (apenas para despedidas)
Excuse me.	Para entrar ou sair do apartamento do hóspede, ou chamar o hóspede quando ele não estiver olhando para você
Yes. Certainly.	Dizer sim
Goodbye.	Despedir-se
May I help you?	Oferecer ajuda
What's your name?	Perguntar o nome do hóspede
What's your *room* number? What's your *apartment* number?	Perguntar o número do apartamento do hóspede *Note:* Siga a nomenclatura utilizada em seu local de trabalho.
How are you? How are you today?	Perguntar como está o hóspede

FOR EMERGENCIES
LISTEN AND REPEAT

I. Imagine que o hóspede se dirija a você e você não o compreenda. Você precisará pedir que ele fale mais devagar ou repita para que possa compreendê-lo. Observe:

> - I'm sorry, ma'am. I don't understand. Could you please speak slowly?
> - I'm sorry, sir. I don't understand. Speak slowly, please.
> - I'm sorry, sir. I don't understand. Could you please repeat?
> - I'm sorry, ma'am. I don't understand. Please repeat.

II. Imagine agora que você não entende o hóspede e gostaria de encaminhá-lo a alguém que possa ajudá-lo. Observe:

> - I'm sorry, ma'am. I speak a little English. Just a moment, please. I'll call the manager.
> - I'm sorry, ma'am. I don't understand. Just a moment, please. I'll call the supervisor.
> - I'm sorry, ma'am. I speak a little English. Just a moment, please. I'll call for help.

GLOSSARY

ENGLISH	FUNCTION	PORTUGUESE
Good *morning*.	Cumprimentar	Bom *dia*.
My name is *John*.	Dizer seu nome	Meu nome é *John*.
I'm a *chambermaid*.	Identificar-se	Sou *arrumadeira*.
I'm sorry.	Desculpar-se	Desculpe-me.
I don't understand.	Informar que não compreende	Não compreendo.
I speak a little English.	Informar que fala pouco Inglês	Falo pouco inglês.
Could you please speak slowly?	Pedir para que fale mais devagar	Pode, por favor, falar mais devagar?
Could you please repeat?	Pedir para repetir	*Pode, por favor, repetir?*
Just a moment.	Pedir um momento	Espere um momento.
I'll call *for help*.	Informar que vai chamar *ajuda*	Vou chamar *ajuda*.

ATENÇÃO

Geralmente, as palavras *please, sir e ma'am* podem ser usadas no início ou no final das frases. Observe alguns exemplos:

- May I help you, **ma'am**?
- **Sir**, have a nice stay.
- Just a moment, **please**.
- **Please, sir,** what's your name?

Quando for utilizar várias frases em seguida, tome cuidado para não exagerar.

Note: I'm sorry, **ma'am**. I speak a little English. Just a moment, **please**. I'll call for help.

CHAPTER 1

RECEPTION SERVICES

No capítulo 1, você aprenderá sobre os principais serviços de recepção do capitão porteiro e dos mensageiros. Na chegada do hóspede ao hotel, são esses profissionais que o recebem e o ajudam com sua bagagem, encaminhando-o para o check in. Se o hóspede vem ao hotel pela primeira vez, o mensageiro apresenta os principais serviços oferecidos, seus horários de funcionamento, e mostra ao hóspede seu apartamento. Durante a estada do hóspede, o capitão porteiro e os mensageiros têm contato constante com o hóspede, auxiliando-o em suas necessidades com o objetivo de que tenha uma excelente estada.

SITUATIONS
Aqui estão as situações do capítulo

PÁGINA

	PÁGINA
Situation 1: A new guest is arriving Um novo hóspede está chegando	22
Situation 2: On the way to the room A caminho do apartamento	27
Situation 3: Arriving at the room Chegando ao apartamento	31
Situation 4: Showing the room to the guest Mostrando o apartamento	35
Situation 5: The guest is checking out O hóspede está de saída	40

	PÁGINA
VOCABULARY	
Luggage	44
Equipment	45
BASICS	
Numbers I	46
Time I	48
Prepositions	49

	PÁGINA
GLOSSARY 1	50
BONUS 1	53
QUIZ 1	54
CHAPTER 1 ANSWERS	55

22 | INGLÊS PARA HOTELARIA | HOSPEDAGEM, HOTÉIS E POUSADAS

••• AQUECENDO

Antes de começar a aprender coisas novas, observe a ilustração e pense um pouco sobre as seguintes questões:

Esta situação acontece em minha rotina de trabalho?

Consigo pensar em uma forma adequada de resolver isso em português?

Eu sei me comunicar nesta situação em inglês? O que eu posso ou devo dizer?

 LISTEN AND READ

SITUATION 1   **A new guest is arriving**

EMPLOYEE:	*Good morning, sir.* Welcome to the *Plaza Hotel.*
GUEST:	Thank you.
EMPLOYEE:	Did you have a nice trip?
GUEST:	Yes, I did.
EMPLOYEE:	May I take your *luggage*?
GUEST:	Yes, please.
EMPLOYEE:	Come this way, please.
GUEST:	All right.
EMPLOYEE:	This is our *reception*.
GUEST:	Thank you.

STUDY
Luggage, page 44.

COMPREHENSION

Observe a situação 1 e responda verdadeiro (V) ou falso (F). No quadro a seguir, escreva a(s) palavra(s) que justifica(m) sua resposta. Observe o exemplo.

	VERDADEIRO OU FALSO?		JUSTIFIQUE
1.	Um novo hóspede está chegando para o check-in.	(V)	Welcome
2.	O capitão porteiro ou mensageiro o recebe dando boas-vindas.	( )	
3.	O hóspede não permite que o mensageiro leve suas bagagens.	( )	
4.	O capitão porteiro ou o mensageiro pede ao hóspede que o acompanhe.	( )	
5.	O capitão porteiro ou o mensageiro encaminha-o ao bar.	( )	

VARIATIONS

O diálogo da situação 1 poderia ser diferente. Veja algumas das possíveis variações:

I. Ao receber um novo hóspede, você pode dar as boas-vindas utilizando o nome do hotel ou dizer:
Welcome to our hotel.

II. Todas as frases a seguir podem ser utilizadas para encaminhar o cliente à recepção:
Come this way, please.
This way, please.
Follow me, please.

III. Outro nome para reception é *front desk*. Então você pode dizer:
This is our front desk.

IV. Caso você perceba que o hóspede precisa de uma cadeira de rodas para se locomover, você pode oferecer uma a ele, dessa forma:
Would you like me to get a wheelchair?

Talvez ele tenha uma no porta-malas (*trunk*) e vai informar você disso. Se não tiver, provavelmente vai aceitar sua oferta.

V. Se um grupo for recebido, é provável que toda a bagagem seja trazida ao saguão do hotel. O mensageiro responsável por acompanhar um hóspede do grupo ao seu respectivo apartamento deverá pedir àquele hóspede que identifique sua bagagem. Para isso, diga:

Which is your luggage, sir?
Which is your luggage, ma'am?

O hóspede provavelmente apontará e dirá algo como:
This one here. (esta aqui)
That one. (aquela lá)
Those two. (aquelas duas)

Ele também pode falar a cor da mala e isso aprenderemos no capítulo 2.

VI. O valor do estacionamento está geralmente incluso na hospedagem, portanto o hóspede que chegar de carro já está ciente de como funciona. Porém, há também a possibilidade de que a pessoa que chega de carro ao hotel seja estrangeira mas não seja hóspede. Para oferecer a ela o serviço de estacionamento, você pode dizer:

Would you like us to park your car?

Se ela aceitar, oriente-a a pegar o tíquete do estacionamento no caixa:
Please get your parking stub at the cashier.

LISTEN AND REPEAT

Agora que você já sabe como pode variar a situação 1, repita algumas possíveis combinações do que aprendeu:

Good morning, sir. Welcome to our hotel.
Did you have a nice trip?
May I take your luggage?
Follow me, please.
This is our front desk.
Would you like me to get a wheelchair?
Which is your luggage, sir?
Would you like us to park your car?
Please get your parking stub at the cashier.

EXERCISES

I. **Order**

Ordene as falas para a recepção de um novo hóspede conforme sua prática profissional. Foram incluídas todas as frases aprendidas. Se você não as utiliza em seu dia a dia, ignore-as quando colocá-las em ordem.

( )	Follow me, please.
( )	Did you have a nice trip?
( )	Good morning.
( )	I'm a bellboy.
( )	I'm a bell captain.
( )	I'm a doorman.
( )	May I take your luggage?
( )	My name is _____.
( )	This is our front desk.
( )	Welcome to the _____ Hotel.

II. **Complete the dialogue**

Use algumas das frases do exercício I para completar o diálogo a seguir, que diz respeito à recepção do hóspede.

Employee: _____

    Guest: Thank you.

Employee: _____

    Guest: Yes, my trip was ok.

Employee: _____

    Guest: Yes, take this suitcase, please.

Employee: _____

Guest: Yes.

Employee: _____

Guest: Good, thanks.

THINK ABOUT

Observe as frases que você aprendeu e responda.

1. Quando as palavras *sir* e *ma'am* podem ser usadas nestas frases?
2. Estas palavras serão geralmente usadas em que lugar da frase?

_____
_____
_____
_____

••• AQUECENDO

Antes de começar a aprender coisas novas, observe a ilustração e pense um pouco sobre as seguintes questões:

Esta situação acontece em minha rotina de trabalho?

Consigo pensar em uma forma adequada de resolver isso em português?

Eu sei me comunicar nesta situação em inglês? O que eu posso ou devo dizer?

LISTEN AND READ

SITUATION 2 — **On the way to the room**

> STUDY
> *Numbers I*, page 46.

RECEPTIONIST: Room 117.
EMPLOYEE: *This way, please.* Is it your first time here?
GUEST: Yes.
EMPLOYEE: This is the *Garden Restaurant*.
Breakfast is served here from 6 to 10 am.
...

> STUDY
> *Time I*, page 48.

This is your *room*, sir.
Please come in.
GUEST: Thank you.

COMPREHENSION

Observe a situação 2 e responda verdadeiro (V) ou falso (F). No quadro a seguir, escreva a(s) palavra(s) que justifica(m) sua resposta. Observe o exemplo.

	VERDADEIRO OU FALSO?		JUSTIFIQUE
1.	O mensageiro levará o hóspede até seu apartamento.	(V)	This way.
2.	O mensageiro pergunta ao hóspede se é a primeira vez que vem ao hotel.	( )	
3.	O hóspede diz que já conhece o hotel.	( )	
4.	O mensageiro mostra o bar da piscina.	( )	
5.	O mensageiro diz qual o horário do café da manhã.	( )	

VARIATIONS

O diálogo da situação 2 poderia ser diferente. Veja algumas das possíveis variações:

I. Para perguntar se é a primeira vez no Brasil ou na cidade em que trabalha, você pode dizer, por exemplo:
Is it your first time in Brazil?
Is it your first time in São Paulo?
Is it your first time in Recife?
Is it your first time in Rio de Janeiro?

Você também pode dizer:
Is it your first time in the hotel?

Ou usar o nome do hotel:
Is it your first time in the Plaza?
Para uma pergunta como essa, o hóspede pode responder *Yes* ou *No*, certo?

II. Utilize o nome do restaurante do hotel em que você trabalha na frase:
This is _____ Restaurant.

III. Para falar dos horários das outras refeições, você pode dizer:
Lunch is served here from 12 noon to 3 pm.
Dinner is served here from 7 pm to midnight.

IV. Lembre-se que ao chegar à porta do apartamento do hóspede, você deve utilizar a palavra que o hotel usa em inglês para nomear aquele tipo de hospedagem, por exemplo:
This is your room, sir.
This is your apartment, sir.
This is your bungalow, sir.
This is your villa, sir.

LISTEN AND REPEAT

Agora que você já sabe como pode variar a situação 2, repita algumas possíveis combinações do que aprendeu:

Is it your first time in the hotel?
Is it your first time in Brazil?
This is Gardenia Restaurant.
Lunch is served here from 12 noon to 3 pm.
Dinner is served here from 7 pm to midnight.
This is your room, sir.
Please come in.

EXERCISES

I. **Answer**
Responda as perguntas em inglês de acordo com as informações de seu local de trabalho.

1. Where is breakfast served?
   _____

2. What time is breakfast served?
   _____

3. What time is lunch served?
   _____

4. What time is dinner served?
   _____

30 | INGLÊS PARA HOTELARIA | HOSPEDAGEM, HOTÉIS E POUSADAS

II. **Match the columns**

Ligue as perguntas do mensageiro com as respostas do hóspede. Observe o exemplo.

CAPITÃO PORTEIRO OU MENSAGEIRO		HÓSPEDE	
a.	Welcome to the Plaza Hotel.	( )	Yes, please.
b.	May I take your luggage?	( )	Yes, it's my first time in Brazil.
c.	Which is your luggage?	(a)	Thank you.
d.	Is it your first time in Brazil?	( )	Yes, here is my keycard.
e.	May I have your keycard?	( )	This suitcase here.

THINK ABOUT

Perceba que para mostrar algo que está próximo de você, deve dizer:

This is our reception.

This is the Garden Restaurant.

O que mais você pode falar ao hóspede sobre o hotel?

_____

_____

_____

_____

_____

_____

CHAPTER 1 | RECEPTION SERVICES | 31

●●○ AQUECENDO

Antes de começar a aprender coisas novas, observe a ilustração e pense um pouco sobre as seguintes questões:

Esta situação acontece em minha rotina de trabalho?

Consigo pensar em uma forma adequada de resolver isso em português?

Eu sei me comunicar nesta situação em inglês? O que eu posso ou devo dizer?

LISTEN AND READ

SITUATION 3 — **Arriving at the room**

EMPLOYEE:	This is your room, sir. May I have your *keycard*?
GUEST:	Yes, here it is.
EMPLOYEE:	Excuse me, sir. Please come in…Where should I put your *luggage*?
GUEST:	Please leave it on the bed.
EMPLOYEE:	Certainly, sir. Insert the keycard here for power.
GUEST:	All right. Thank you. This is for you.
EMPLOYEE:	Thank you, sir. Have a nice stay. Excuse me.

STUDY
Prepositions, page 49.

COMPREHENSION

Observe a situação 3 e responda verdadeiro (V) ou falso (F). No quadro a seguir, escreva a(s) palavra(s) que justifica(m) sua resposta. Observe o exemplo.

	VERDADEIRO OU FALSO?		JUSTIFIQUE
1.	O mensageiro questiona o hóspede sobre onde colocar a bagagem.	(V)	Where should I put your luggage?
2.	O hóspede pede que a bagagem seja colocada sobre a mesa.	( )	
3.	O mensageiro ensina ao hóspede como manter a energia elétrica ligada no apartamento.	( )	
4.	O hóspede oferece uma gratificação ao mensageiro.	( )	
5.	O mensageiro não aceita a gratificação.	( )	

VARIATIONS

O diálogo da situação 3 poderia ser diferente. Veja algumas das possíveis variações:

I. Se em seu hotel você utilizar uma chave em vez de uma chave-cartão, e quiser abrir a porta para o hóspede, poderá dizer:
May I have your key?

Além de entregá-la a você, ele provavelmente dirá algo como:
Here it is. (aqui está)
Here is my key. (aqui está minha chave)

II. Em vez de usar a palavra *luggage*, caso o hóspede tenha apenas uma peça, você pode, por exemplo, dizer:
Where should I put your suitcase?
Where should I put your bag?

III. Para a pergunta no item II, não há muitas possibilidades de resposta. A maior parte dos hotéis tem um rack próprio para bagagem (*luggage rack*) e, provavelmente, o mensageiro vai colocar a mala nesse rack. Mas o hóspede pode solicitar que algo seja colocado, por exemplo, na cama, na mesa ou no chão. Veja o que ele pode dizer:

Please put it on the bed.
Please put it on the table.
Please put it on the floor.

LISTEN AND REPEAT

Agora que você já sabe como pode variar a situação 3, repita algumas possíveis combinações do que aprendeu:

Excuse me.
May I have your keycard?
Where should I put your luggage?
Insert the keycard here for power.

EXERCISES

I. **Complete the dialogue**

Este diálogo acontece depois que o recepcionista já fez o check in do hóspede, ele já sabe o número de seu apartamento e você, mensageiro, vai acompanhá-lo até lá. Observe as falas do hóspede e complete sua parte no diálogo utilizando as frases abaixo. Não utilize a mesma frase duas vezes. Para alguns espaços será necessário colocar mais que uma frase. Observe o exemplo. Você pode escrever ou utilizar as letras correspondentes. Atenção: duas frases listadas não serão utilizadas.

SENTENCE BANK

a. Good afternoon, ma'am.	g. May I have your keycard?
b. Is it your first time in the hotel?	h. Have a nice stay.
c. This is our reception.	i. Excuse me.
d. You are welcome.	j. Come this way, please.
e. This is your room.	k. Please come in, ma'am.
f. Where should I put your luggage?	l. Certainly, ma'am.

Guest: Good afternoon. My room is 304.
Employee: Good afternoon, ma'am.
Come this way, please.
Is it your first time in the hotel?

Guest:	No, I was here last year.
Employee:	_____
	_____

Guest:	Here it is.
Employee:	_____
	_____
	_____

Guest:	Well, I'd prefer you put it on the floor.
Employee:	_____
	_____

Guest:	Thank you.
Employee:	_____

II.   **Re-write**

Reescreva em uma folha separada o diálogo do exercício I, adequando os procedimentos à sua rotina de trabalho. Se quiser, poderá incluir informações sobre o café da manhã.

THINK ABOUT

Vamos aprender a falar sobre mais serviços do hotel no capítulo 6, mas aqui vão algumas dicas:

Como vimos anteriormente, para apresentar um local ou pessoa você pode dizer:

This is the lobby bar.
This is Paulo.

Para falar do horário de funcionamento você pode dizer, por exemplo:

It's open from 6 pm to **10 pm.**

Com essas dicas, o que mais você pode dizer sobre os serviços oferecidos no hotel em que trabalha?

_____
_____
_____
_____

CHAPTER 1 | RECEPTION SERVICES | 35

●●○ AQUECENDO

Antes de começar a aprender coisas novas, observe a ilustração e pense um pouco sobre as seguintes questões:

Esta situação acontece em minha rotina de trabalho?
Consigo pensar em uma forma adequada de resolver isso em português?
Eu sei me comunicar nesta situação em inglês? O que eu posso ou devo dizer?

 LISTEN AND READ

SITUAÇÃO 4 — **Showing the room to the guest**

	EMPLOYEE:	Is it your first time in the hotel?
	GUEST:	Yes, it is.
STUDY *Equipment*, page 45.	**EMPLOYEE:**	*The air conditioner control* is here. *The minibar* is here. *The safe* is in the closet. The directions are on the door.
	GUEST:	All right.
	EMPLOYEE:	The voltage here is *220v*. If you need a transformer, please call *front desk*.
	GUEST:	All right.
STUDY *Actions*, exercise I, page 37.	**EMPLOYEE:**	Would you like me to *turn on the air conditioner*?
	GUEST:	Yes. Please turn it on.
	EMPLOYEE:	My name is *John*. Anything you need, please call *front desk*.
	GUEST:	Thank you.
	EMPLOYEE:	Have a nice stay. Excuse me.

COMPREHENSION

Observe a situação 4 e responda verdadeiro (V) ou falso (F). No quadro a seguir, escreva a(s) palavra(s) que justifica(m) sua resposta. Observe o exemplo.

	VERDADEIRO OU FALSO?		JUSTIFIQUE
1.	O hóspede já esteve nesse hotel antes.	(F)	Yes, it is.
2.	O mensageiro mostra ao hóspede o ar condicionado e a TV.	( )	
3.	As instruções para o uso do cofre estão na porta do cofre.	( )	
4.	O mensageiro oferece-se para abrir a janela.	( )	
5.	O mensageiro apresenta-se antes de sair.	( )	

VARIATIONS

O diálogo da situação 4 poderia ser diferente. Veja algumas das possíveis variações:

I. É possível que o hóspede pergunte sobre a voltagem. Provavelmente dirá algo como **What's the (power) voltage (used) here?** Para informar a voltagem, diga:
The voltage here is 220v.
The voltage here is 110v.

II. Para oferecer um transformador, diga:
If you need a transformer, please call front desk.

III. Para o conforto do hóspede você pode oferecer-se para ligar o ar condicionado ou abrir uma janela ou porta de varanda, dependendo de como devem ser seus procedimentos. Veja, então, algumas opções:
Would you like me to turn on the air conditioner?
Would you like me to open the window?
Would you like me to open the door to the veranda?
Would you like me to turn on the air conditioner or open the door to the veranda?

Nesses casos, a resposta do hóspede será a ação que você deve fazer; por exemplo:
Please turn the air conditioner on.
Please open the door.

IV. Antes de sair, você pode apresentar-se e depois colocar os serviços do hotel à disposição, dizendo, também:

Anything you need, please call the concierge.
Anything else you need, please call reception.

ATENÇÃO

Alguns hotéis contam com um concierge, o profissional que dá assistência aos hóspedes em suas diversas necessidades, tais como alugar um carro, reservar um passeio turístico, providenciar um remédio ou mesmo dar informações sobre a cidade. Caso este profissional não esteja disponível, a recepção costuma assumir essa tarefa.

Alguns hotéis oferecem um serviço de atendimento ao hóspede que centraliza todos os chamados. Geralmente este serviço tem um nome e um ramal específicos. Em alguns telefones, há também a tecla específica para esses casos.

Se esse for o caso do hotel em que você trabalha, você vai utilizar a seguinte frase:

Please call (*o nome desse serviço ou departamento*)

LISTEN AND REPEAT

Agora que você já sabe como pode variar a situação 4, repita algumas possíveis combinações do que aprendeu:

The air conditioner control is here.
The safe is in the closet. The directions are on the door.
The voltage here is 110v.
If you need a transformer, please call front desk.
Would you like me to turn on the air conditioner?
Anything else you need, please call reception.

EXERCISES

I. **Match**

Ligue a ação à figura.

1. close	5. roll up	9. turn off
2. insert	6. roll down	10. turn on
3. open	7. turn	11. turn up
4. press	8. turn down	

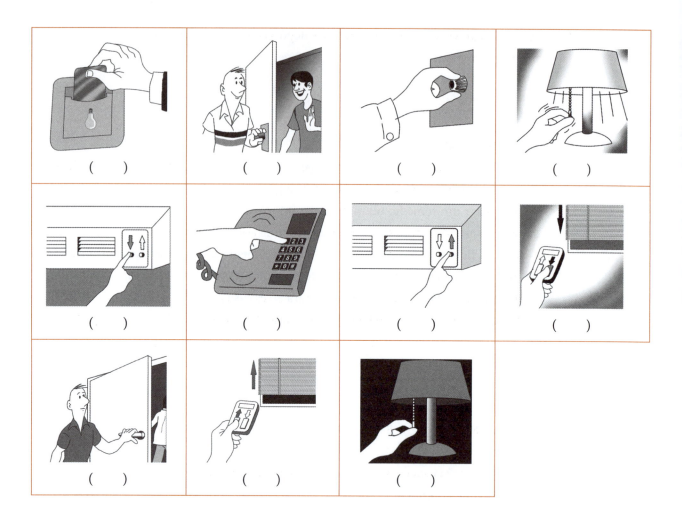

II. **Match the columns**

Ligue a função à frase. Observe o exemplo.

FUNÇÃO	FRASES
a. Dar as boas-vindas a um hóspede que está chegando	( ) May I take your luggage?
b. Pedir permissão para pegar a bagagem do hóspede	( ) Come this way.
c. Pedir que ele identifique sua bagagem	(a) Welcome to the Plaza Hotel.
d. Pedir que ele o acompanhe	( ) Insert the keycard here for power.
e. Perguntar se é a primeira vez que ele visita o país	( ) Breakfast is served from 6:30 am to 11 am.

FUNÇÃO	FRASES
f. Informar sobre o horário do café da manhã	( ) Anything else you need, please call reception.
g. Explicar sobre a eletricidade no apartamento	( ) Is it your first time in Brazil?
h. Colocar os serviços do hotel à disposição	( ) Which is your luggage?

THINK ABOUT

Pense nas ações do exercício I e nos equipamentos que você aprendeu em *equipment* e procure fazer as combinações possíveis. Veja alguns exemplos:

Turn on the air conditioner.
Turn down the TV.

Pense também que, da mesma forma que se ofereceu para ligar o ar condicionado, pode oferecer-se para ligar as luzes, por exemplo:

Would you like me to turn on the lights?

Agora é sua vez, pense em quantas frases consegue fazer.

_____

_____

_____

_____

_____

_____

_____

••• AQUECENDO

Antes de começar a aprender coisas novas, observe a ilustração e pense um pouco sobre as seguintes questões:

Esta situação acontece em minha rotina de trabalho?
Consigo pensar em uma forma adequada de resolver isso em português?
Eu sei me comunicar nesta situação em inglês? O que eu posso ou devo dizer?

 LISTEN AND READ

SITUATION 5 # The guest is checking out

EMPLOYEE:	(employee rings the doorbell)
GUEST:	Who is it?
EMPLOYEE:	*Bellboy, sir.* May I come in?
GUEST:	Yes.
EMPLOYEE:	*Good morning, sir.* Is your luggage ready?
GUEST:	Yes, it is.
EMPLOYEE:	May I take it downstairs?
GUEST:	Yes, go ahead.
EMPLOYEE:	Did you enjoy your stay?
GUEST:	Yes, it was great.
EMPLOYEE:	Excuse me… Would you like a taxi, sir?
GUEST:	Yes, please.
EMPLOYEE:	Yes, sir… Here is your taxi. Have a nice trip. Goodbye.

COMPREHENSION

Observe a situação 5 e responda verdadeiro (V) ou falso (F). No quadro a seguir, escreva a(s) palavra(s) que justifica(m) sua resposta. Observe o exemplo.

	VERDADEIRO OU FALSO?		JUSTIFIQUE
1.	O mensageiro pede permissão para entrar.	(V)	May I come in?
2.	A bagagem do hóspede não está pronta.	( )	
3.	O hóspede permite que a bagagem seja levada.	( )	
4.	O apartamento do hóspede não é no térreo.	( )	
5.	O hóspede afirma que gostou de sua estada.	( )	
6.	Há um motorista particular aguardando o hóspede.	( )	

VARIATIONS

O diálogo da situação 5 poderia ser diferente. Veja algumas das possíveis variações:

I. Se o hóspede estiver hospedado no andar térreo e a recepção também for no térreo, para retirar a bagagem apenas diga:
May I take it?

Caso o hóspede não esteja pronto, você pode dizer **certainly** e voltar depois.

II. Antes mesmo que você ofereça um táxi, o hóspede pode pedir um para você não só em uma situação de check-out, mas em qualquer situação de saída. Se o táxi já estiver ali, diga: **Here is you taxi**. Se precisar chamar um, diga:
Just a moment, sir...Here is your taxi.

III. Além do táxi, o hóspede pode utilizar o **airport shuttle** (ônibus) para o aeroporto (nas cidades e hotéis em que o serviço está disponível), um carro alugado ou até mesmo um motorista particular. Quando você não tem essa informação, pode oferecer o táxi.
Se o hóspede for usar o ônibus, ele dirá:
I'm taking the airport shuttle. (Vou tomar o ônibus)
I'll go by bus. (Vou de ônibus)
I'll take the airport shuttle bus. (Vou tomar o ônibus)

Quando o ônibus chegar, você pode dizer:
Here is the airport shuttle.
Here is the bus.

Se ele pedir o carro ao manobrista, você pode dizer:
Your car will be here in a few minutes. (quando o carro está vindo)
Your car is here, sir. (quando o carro chegar)

Se ele tiver um motorista, responderá algo como:
I hired a driver. (Eu contratei um motorista)
I'm waiting for a driver. (Estou aguardando um motorista)
Someone is picking me up. (Uma pessoa virá me buscar)

Quando o motorista chegar, você pode dizer:
Here is your car.
Here is your driver.

IV. Se fizer parte dos procedimentos de seu hotel, os mensageiros poderão despedir-se do hóspede, dizendo que esperam revê-lo em breve ou novamente, assim:
We hope to see you soon.
We hope to see you again.

ATENÇÃO

Usar *WE hope* em vez de *I hope*, ou seja, "NÓS esperamos" e não "EU espero" mostra que você está falando em nome do hotel, e confere à frase um tom profissional.

LISTEN AND REPEAT

Agora que você já sabe como pode variar a situação 5, repita algumas possíveis combinações do que aprendeu:

May I come in?
Is your luggage ready?
May I take it downstairs?
Did you enjoy your stay?
Would you like a taxi, sir?
Just a moment, sir...Here is your taxi.

CHAPTER 1 | RECEPTION SERVICES | 43

Your car will be here in a few minutes.
Here is the airport shuttle.
We hope to see you again.

EXERCISES

I. **Order**

Ordene as funções da rotina do capitão porteiro e/ou mensageiro.

No momento do check-in do hóspede:

( )	cumprimentar o hóspede.
( )	receber o hóspede à porta, dando-lhe boas-vindas.
( )	acompanhá-lo ao apartamento.
( )	apresentar alguns itens / equipamentos do apartamento.
( )	apresentar alguns serviços do hotel no caminho para o apartamento.
( )	despedir-se, colocando os serviços do hotel à disposição do hóspede.
( )	encaminhá-lo à recepção.
( )	pedir permissão para levar sua bagagem.

No momento do check-out do hóspede:

( )	desejar boa viagem e despedir-se.
( )	oferecer um táxi.
( )	pedir permissão para levar a bagagem.
( )	perguntar sobre a bagagem.
( )	perguntar sobre a estada.
( )	tocar a campainha, apresentar-se e pedir permissão para entrar.

II. **Write**

Utilizando a ordem de procedimentos que você estabeleceu no exercício I, escreva, em uma folha separada, os diálogos em inglês.

THINK ABOUT

Alguns procedimentos apresentados nesse capítulo constam como opcionais nos serviços prestados por um capitão porteiro ou mensageiro. Quais deles fazem parte da sua rotina diária?

_____
_____
_____
_____

VOCABULARY

LUGGAGE

LISTEN AND REPEAT

EXERCISE

Match the pictures to the names.

Ligue as figuras aos seus nomes utilizando os números que estão nos quadros. Observe o exemplo.

[ ] backpack [mochila]	[ ] luggage [bagagem]
[ ] bag [bolsa / sacola]	[ ] shoulder bag [sacola de ombro]
[ ] briefcase [pasta executiva]	[ ] suitcase [mala]
[ ] handbag / purse [bolsa]	[4] wallet [carteira]

EQUIPMENT

LISTEN AND REPEAT

EXERCISE

Match the pictures to the names

Ligue as figuras aos seus nomes utilizando os números que estão nos quadros.

[   ] adaptor / T-plug [adaptador / tomada T]
[   ] air conditioner [ar-condicionado]
[   ] alarm clock [relógio despertador]
[   ] batteries [pilhas e baterias]
[   ] DVD player [toca-DVD]
[   ] electric kettle [chaleira elétrica]
[   ] (electronic) safe / safety deposit box [cofre eletrônico]
[   ] hair dryer / blow dryer [secador de cabelos]

[   ] Internet outlet [tomada de Internet]
[   ] iron [ferro de passar]
[   ] light (bulb) [lâmpada]
[   ] minibar [frigobar]
[   ] outlet [tomada]
[   ] remote control [controle remoto]
[   ] telephone [telefone]
[   ] television / TV [televisão]

Aprenda os nomes de outros equipamentos:

charger [carregador]
coffee maker [cafeteira elétrica]
computer [computador]
fax [fac-símile]
Internet cable [cabo de Internet]
laptop [*notebook*]
microwave oven [forno micro-ondas]
photocopier [fotocopiadora]
printer [impressora]
transformer / converter [transformador]
USB cable [cabo USB]

BASICS

NUMBERS I: FROM ZERO (0) TO NINETY-NINE (99)
LISTEN AND REPEAT

FROM 0 TO 19					
0	zero / o	5	five	10	ten
1	one	6	six	11	eleven
2	two	7	seven	12	twelve
3	three	8	eight	13	thirteen
4	four	9	nine	14	fourteen

				15	fifteen
				16	sixteen
				17	seventeen
				18	eighteen
				19	nineteen

FROM 20 TO 99 - EXAMPLES					
20	twenty	40	forty	60	sixty
21	twenty-one	43	forty-three	65	sixty-five
30	thirty	50	fifty	70	seventy
32	thirty-two	54	fifty-four	76	seventy-six

80	eighty	
87	eighty-seven	
90	ninety	
98	ninety-eight	

ROOM NUMBERS, PHONE EXTENSIONS, ADDRESS NUMBERS – EXAMPLES

I. Os números de telefone são ditos de um em um, por exemplo: 5891-4520 – Five eight nine one four five two o. Se o telefone tem um número repetido na mesma "sílaba", você também pode dizer: 3677-3701: three six **double** seven three seven o one.

II. Ao utilizar números de três ou mais dígitos em endereços (números de casa ou aparta-mento), você pode dividi-los de dois em dois, de trás para frente, por exemplo:

210 – divide-se 2-10 e lê-se **two – ten**

3582 – divide-se 35-82 e lê-se **thirty-five eighty-two**

Se houver um zero no número, veja:

105 – divide-se 1-05 e lê-se **one-o-five**

1109 – divide-se 11-09 e lê-se **eleven-o-nine**

Essa forma de falar serve também para os apartamentos em um hotel.

EXERCISES

I. **Write**

Escreva os números abaixo da forma explicada anteriormente. Observe os exemplos:

five-o-three	503		1109
three-fifteen	315		1230
	926		1550
	1010		3008
	1001		3217

II. **Use numbers and words.**

Escreva usando os numerais e as palavras

1. Write your age: (sua idade)

_____

2. Write your home phone number: (seu telefone residencial)

_____

3. Write your work phone number: (seu telefone comercial)

_____

TIME I

LISTEN AND REPEAT

DIGITAL TIME FROM 1:00 TO 24:00		DIGITAL TIME WITH MINUTES	
1:00	one o'clock am	1:05	one-o-five am
2:00	two o'clock am	2:10	two ten am
3:00	three o'clock am	3:15	three fifteen am
4:00	four o'clock am	4:20	four twenty am
5:00	five o'clock am	5:25	five twenty-five am
6:00	six o'clock am	6:30	six thirty am
7:00	seven o'clock am	7:35	seven thirty-five am
8:00	eight o'clock am	8:40	eight forty am
9:00	nine o'clock am	9:45	nine forty-five am
10:00	ten o'clock am	10:50	ten fifty am
11:00	eleven o'clock am	11:55	eleven fifty-five am
12:00	twelve o'clock pm (twelve) noon midday	12:05	twelve-o-five pm
13:00	one o'clock pm	13:10	one ten pm
14:00	two o'clock pm	14:15	two fifteen pm
15:00	three o'clock pm	15:20	three twenty pm
16:00	four o'clock pm	16:25	four twenty-five pm
17:00	five o'clock pm	17:30	five thirty pm
18:00	six o'clock pm	18:35	six thirty-five pm
19:00	seven o'clock pm	19:40	seven forty pm
20:00	eight o'clock pm	20:45	eight forty-five pm
21:00	nine o'clock pm	21:50	nine fifty pm
22:00	ten o'clock pm	22:55	ten fifty-five pm
23:00	eleven o'clock pm	23:05	eleven-o-five pm
24:00 /	twelve o'clock am	0:10	twelve ten am
0:00	midnight		

ATENÇÃO

- am = ante meridian = before midday

(de meia-noite a onze e cinquenta e nove da manhã)

- pm = post meridian = after midday

(de meio-dia a onze e cinquenta e nove da noite)

EXERCISE

Write the times in a 24-hour clock.

Escreva os horários em um relógio 24 horas.

1. one fifty am	1:50	10. ten-o-five pm		19. twelve fifteen pm	
2. five ten pm	17:10	11. eleven twenty am		20. one twenty pm	
3. one thirty pm		12. four fifty am		21. eleven-o-five pm	
4. three forty pm		13. six fifty-five am		22. twelve thirty am	
5. eight forty-five am		14. nine ten am		23. four fifteen pm	
6. seven twenty-five pm		15. six forty pm		24. five ten am	
7. twelve fifty am		16. ten thirty-five am		25. nine-o-five pm	
8. two thirty-five pm		17. two o'clock pm		26. seven forty-five am	
9. five o'clock am		18. three fifty-five am		27. twelve noon	

PREPOSITIONS
LISTEN AND REPEAT

EXERCISES

I. **Match**

Observe os quadradinhos coloridos e indique sua posição utilizando as preposições abaixo. Observe o exemplo.

1. in
2. on
3. in the corner
4. far from
5. by/ next to
6. between
7. in front of
8. behind
9. under
10. across from
11. near

II. **Match**

Coloque os números no desenho para representar o local onde os itens deveriam ser colocados de acordo com o pedido dos hóspedes.

1. Attendant, can you leave the tray on the table?
2. Chambermaid, please. Can you put the slippers under the chair?
3. Chambermaid, could you please put the bathrobe on the bed?
4. Room attendant, can you place the wastebasket by the armchair?
5. Chambermaid, please take the ashtray that's next to the lamp.
6. Could you please put the hangers in the closet, chambermaid?

GLOSSARY 1

FUNCTION	ENGLISH	SIT	PORTUGUESE	PROFESSIONAL TIPS
Dar as boas-vindas	Welcome to our hotel.	1	Seja bem-vindo ao nosso hotel.	A primeira impressão é muito importante, por isso sorria ao receber o hóspede!
Perguntar sobre a viagem	Did you have a nice trip?	1	Fez boa viagem?	
Pedir permissão para pegar a bagagem	May I take your *luggage*?	1	Posso pegar sua *bagagem*?	

CHAPTER 1 | RECEPTION SERVICES | 51

FUNCTION	ENGLISH	SIT	PORTUGUESE	PROFESSIONAL TIPS
Pedir que o acompanhe	*Come this way.*	1	*Venha por aqui.*	A recepcionista informa o número do apartamento ao mensageiro para que ele leve o hóspede até lá.
Mostrar onde é a recepção	**This is our** *reception.*	1	Esta é a nossa *recepção.*	
Oferecer-se para buscar uma cadeira de rodas	**Would you like me to get a wheel chair?**	1	Gostaria que eu pegasse uma cadeira de rodas?	Se você quiser se oferecer para pegar a cadeira de rodas dele, é só trocar a palavra *a* pela palavra *your.*
Perguntar sobre a bagagem	**Which is your luggage?**	1	Qual á a sua bagagem?	Quando um grupo de hóspedes chega junto, em um só ônibus, por exemplo, você pode precisar desta pergunta para identificar as bagagens.
Oferecer serviço de estacionamento	**Would you like us to park your car?**	1	Gostaria que estacionássemos seu veículo?	Esta pergunta serve principalmente a clientes estrangeiros não hospedados.
Instruir sobre tíquete do estacionamento	**Get your parking stub at the cashier.**	1	Pegue o tíquete do estacionamento no caixa.	
Perguntar se é a primeira vez naquele local	*Is it your first time here?*	2	É a primeira *vez aqui?*	Esta é uma boa forma de começar a apresentar os serviços e pontos de venda do hotel.
Mostrar o restaurante	**This is ____ restaurant.**	2	Este é o restaurante ____.	
Informar sobre o horário dos serviços	*Breakfast* **is served here from 6 to 10 am.**	2	*O café da manhã é* servido aqui das 6 às 10 (horas).	No caminho para o apartamento, o mensageiro pode falar ao hóspede sobre alguns serviços oferecidos pelo hotel e seus horários.
Informar qual é o apartamento	**This is your room.**	2	Este é o seu apartamento.	
Convidá-lo a entrar	**Please come in.**	2	Por favor, entre.	
Pedir a chave	**May I have your keycard?**	3	Pode me dar sua *chave--cartão?*	O hóspede tem a chave--cartão e você quer fazer a gentileza de abrir a porta para ele.

FUNCTION	ENGLISH	SIT	PORTUGUESE	PROFESSIONAL TIPS
Perguntar onde deve colocar a bagagem	Where should I put your *luggage?*	3	Onde devo colocar sua *bagagem?*	Geralmente a bagagem é colocada no *luggage rack*, mas é interessante perguntar.
Orientar sobre a energia elétrica no apartamento	Insert the keycard here for power.	3	Insira o cartão aqui para obter energia elétrica.	Em alguns hotéis, a chave-cartão, colocada no interruptor de poupança de energia, ativa a corrente elétrica do apartamento.
Informar onde está algo	*The air conditioner control is here.*	4	*Aqui está o controle do ar condicionado.*	Se é a primeira vez do hóspede nesse hotel, é recomendável apresentar os itens básicos do apartamento.
Informar sobre o funcionamento do cofre	The directions are on the door.	4	As instruções estão na porta.	
Informar sobre a voltagem.	The voltage here is *220v.*	4	A voltagem aqui é 220v.	
Oferecer o transformador	If you need a *transformer*, please call front desk.	4	Se precisar de *um transformador*, ligue para a recepção.	
Oferecer-se para ligar o ar condicionado	Would you like me to turn on *the air conditioner?*	4	Gostaria que eu ligasse o *ar condicionado?*	
Oferecer-se para abrir a janela	Would you like me *to open the window?*	4	Gostaria que eu *abrisse a janela?*	
Pedir que ligue para a recepção, se precisar de algo (de mais alguma coisa)	Anything (else) you need, please call *front desk.*	4	Qualquer (outra) coisa que precisar, ligue para a recepção.	
Perguntar se a bagagem está pronta	Is your luggage ready?	5	Sua bagagem está pronta?	O hóspede está saindo do hotel e você vai até lá para buscar sua bagagem.
Perguntar se pode levar (a bagagem)	May I take it (downstairs)?	5	Posso levá-la?	Se o apartamento está no andar em que será feito o check out, você não vai precisar da palavra *downstairs*.
Perguntar se o hóspede gostou da estada	Did you enjoy your stay?	5	O senhor gostou de sua estada?*	

* Apesar de *you* em inglês poder ser utilizado em conversas formais e informais sem distinção, podendo significar *você, vocês, o senhor, a senhora, os senhores, as senhoras*, para facilitar e ficar adequado ao contexto de prestação de serviços, utilizamos em todos os glossários a tradução *o senhor*.

FUNCTION	ENGLISH	SIT	PORTUGUESE	PROFESSIONAL TIPS
Oferecer um táxi	Would you like a taxi?	5	Gostaria de um táxi?	
Informar sobre transporte individual	Here is your *taxi*.	5	Aqui está seu *táxi*.	
Informar sobre transporte coletivo	Here is the *airport shuttle*.	5	Aqui está *o ônibus para o aeroporto*.	
Informar sobre carro	Your car will be here in a few minutes.	5	Seu carro estará aqui em alguns minutos.	Esta frase serve para o hóspede que tem um carro alugado estacionado no hotel.
Desejar um breve retorno	We hope to see you *again*.	5	Esperamos vê-lo *novamente*.	Verifique se é conveniente usar frases como essas dentro da política do hotel onde trabalha.

BONUS 1

Escolha uma sequência de atendimento, e construa um diálogo. Em seguida, utilizando o glossário, confira suas frases. Se estiver estudando com outros colegas, vocês podem comparar as diferentes versões para perceber como há várias possibilidades.

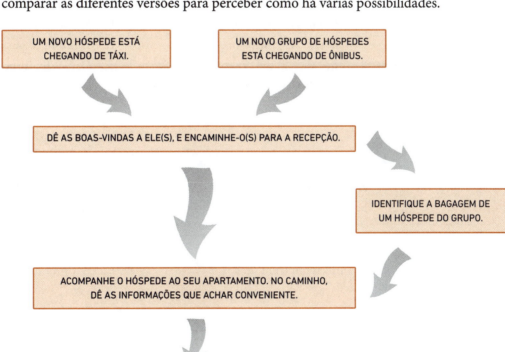

QUIZ 1

DESAFIO

Faça o teste a seguir. Se você acertar pelo menos oito das dez questões, siga para o capítulo 2. Se acertar menos que isso, por que não faz uma revisão do capítulo?

EXERCISE I

Listen to the guest's requests and mark the correct answer:

1.
a. From 9 to 11 pm.
b. From 6 to 10 am.
c. From 3 to 4 pm.
d. In the restaurant, at the lobby.
e. What is your room number?

2.
a. The safe is in the minibar.
b. The safe is next to the hair dryer.
c. The safe is in the bathroom.
d. The safe is in the closet.
e. The safe is not here.

3.
a. From 6 to 10 am.
b. Is it your first time here?
c. May I take it?
d. It's a pleasure.
e. This is our front desk.

4.
a. The directions are on the door.
b. The safe is in the closet.
c. Is it your first time in Brazil?
d. Come this way.
e. Insert the card here for power.

5.
a. It is next to the workstation, ma'am.
b. Yes, ma'am. Is your luggage ready?
c. Welcome to our hotel.
d. Here is the airport shuttle.
e. Just a moment, please…
Here is your taxi, ma'am.

6.
a. You are welcome, ma'am.
b. Thank you, ma'am.
c. May I take it, ma'am?
d. Not at all.
e. Is it your first time here?

EXERCISE II

Listen to the guest's request and put the number next to the corresponding picture. Two pictures will be left out on purpose:

CHAPTER 1 | RECEPTION SERVICES | 55

A	B	C
( )	( )	( )

D	E	F
( )	( )	( )

Seus acertos: _____

CHAPTER 1 – ANSWERS

SITUATION 1

COMPREHENSION

1.	(V)	Welcome.
2.	(V)	Welcome.
3.	(F)	Yes, please.
4.	(V)	Come this way.
5.	(F)	This is our reception.

EXERCISES

I.   Respostas livres. Observe a ordem apresentada no diálogo da situação 1.

II.   Welcome to the _____ Hotel. (Complete com o nome do hotel em que trabalha.)
Did you have a nice trip?
May I take your luggage?
Follow me, please.
This is our front desk.

THINK ABOUT

Respostas pessoais
Veja dica ao final da unidade introdutória.

ANSWERS

SITUATION 2

COMPREHENSION

1.	(V)	This way.
2.	(V)	Is it your first time here?
3.	(F)	Yes.
4.	(F)	This is the Garden Restaurant.
5.	(V)	Breakfast is served here from 6 to 10 am.

EXERCISES

I.   Resposta pessoal. Utilize a estrutura da frase apresentada no diálogo e ajuste o horário ao seu local de trabalho.

II.   (b) (d) (a) (e) (c)

THINK ABOUT

Respostas pessoais
Comece sempre com *This is.*

SITUATION 3

COMPREHENSION

1.	(V)	Where should I put your luggage?
2.	(F)	Please leave it on the bed.
3.	(V)	Insert the keycard here for power.
4.	(V)	This is for you.
5.	(F)	Thank you, sir.

EXERCISES

I.   a, j, b / e, g / i, k, f / l, h / d

II.   Resposta pessoal

THINK ABOUT

Respostas pessoais

CHAPTER 1 | RECEPTION SERVICES | 57

SITUATION 4

COMPREHENSION

1.	(F)	Yes, it is.
2.	(F)	The air conditioner control is here. The minibar is here. The safe is in the closet.
3.	(V)	The directions are on the door.
4.	(F)	Would you like me to turn on the air conditioner?
5.	(V)	My name is John.

EXERCISES

I.   2, 3, 7, 10, 8, 4, 11, 6, 1, 5, 9

II.   b, d, a, g, f, h, e, c

THINK ABOUT

Respostas pessoais

As frases terão estrutura semelhante, apenas as ações e os equipamentos mudarão.

SITUATION 5

COMPREHENSION

1.	(V)	May I come in?
2.	(F)	Yes, it is.
3.	(V)	Yes, go ahead.
4.	(V)	May I take it downstairs?
5.	(V)	Yes, it was great.
6.	(F)	Would you like a taxi, sir? Yes, please.

EXERCISES

I.
check-in (1) (2) (5) (7) (6) (8) (4) (3)
check-out (6) (5) (3) (2) (4) (1)

II.   Resposta pessoal

THINK ABOUT

Respostas pessoais

VOCABULARY

Luggage: 8, 6, 5, 2, 7, 1, 3, 4

Equipment: 1, 2, 6, 11, 14, 3, 4, 12, 15, 7, 10, 9, 16, 5, 8, 13

BASICS

Numbers I

I.

503 – five-o-three

315 – three fifteen

926 – nine twenty-six

1010 – ten-ten

1001 – ten-o-one

1109 – eleven-o-nine

1230 – twelve thirty

1550 – fifteen fifty

3008 – thirty-o-eight

3217 – thirty-two seventeen

II.

1.   Resposta pessoal

2.   Resposta pessoal

3.   Resposta pessoal

Time I

1:50	22:05	12:15
17:10	11:20	13:20
13:30	4:50	23:05
15:40	6:55	0:30
8:45	9:10	16:15
19:25	18:40	5:10
0:50	10:35	21:05
14:35	14:00	7:45
5:00	3:55	12:00

Prepositions

I.

3, 8, 6, 11

2, 9, 1, 7

5, 4, 10

II. Respostas sugeridas

BONUS 1

Respostas pessoais

QUIZ 1

TAPESCRIPT	RESPOSTA	DICA DA PROFESSORA
EXERCISE I		
1. What time is breakfast?	b	Horários na parte da manhã são seguidos de 'am'.
2. Where is the safe?	d	Este é o local onde fica o cofre na maioria dos hotéis.
3. Bellboy, my luggage is ready. I'm checking out.	c	O hóspede está de saída.
4. How does the electronic safe work?	a	Na maioria dos hotéis, as instruções são fixadas à porta em português e em inglês.
5. Bellboy, I need a taxi, please.	e	Você precisa de um tempo para chamar o táxi.
6. Bellboy, this is for you.	b	Seja o que for que o hóspede lhe dê, é de bom tom agradecer. Poderia ser, por exemplo, uma gratificação.
EXERCISE II		
1. The **hair dryer** is not here.	d	
2. Bellboy, this is my **suitcase**.	c	
3. Please turn on the **air conditioner**.	a	
4. Where is the **Internet outlet**?	e	

CHAPTER 2

HOUSEKEEPING SERVICES

No capítulo 2, você aprenderá sobre os principais serviços da área de governança. Os profissionais dessa área podem atuar em hotéis, navios, estúdios de cinema e teatros, empresas e shopping centers, entre outros estabelecimentos. Nos hotéis, eles são responsáveis pela limpeza dos apartamentos e das áreas sociais. Na maioria das vezes, esses profissionais também executam os serviços de lavanderia e reposição de frigobar.

Veja a seguir o que você vai aprender neste capítulo

SITUATIONS
Aqui estão as situações do capítulo

PÁGINA

Situation 1: Permission to clean the room Permissão para limpeza	62
Situation 2: Do not disturb Não perturbe	68
Situation 3: Checking the minibar in a hotel room Checagem dos itens de frigobar	74
Situation 4: Picking up laundry Recolher a lavanderia	79
Situation 5: Delivering laundry Entregar a lavanderia	85
Situation 6: Offering the turn down service Oferecer a abertura de cama	90

PÁGINA

VOCABULARY	
Room items I	94
Minibar items	95
Clothes	96
Laundry actions	98
Laundry complaints	98
BASICS	
Numbers II	98

PÁGINA

Days of the week	100
Colors	100
GLOSSARY 2	101
BONUS 2	103
QUIZ 2	104
CHAPTER 2 ANSWERS	106

62 | INGLÊS PARA HOTELARIA | HOSPEDAGEM, HOTÉIS E POUSADAS

••• AQUECENDO

Antes de começar a aprender coisas novas, observe a ilustração e pense um pouco sobre as seguintes questões:

Esta situação acontece em minha rotina de trabalho?

Consigo pensar em uma forma adequada de resolver isso em português?

Eu sei me comunicar nesta situação em inglês? O que eu posso ou devo dizer?

 LISTEN AND READ

SITUATION 1 — **Permission to clean the room**

EMPLOYEE:	(rings the doorbell)
GUEST:	Who is it?
EMPLOYEE:	*Chambermaid, sir.*
GUEST:	Yes? (guest opens the door)
EMPLOYEE:	*Good morning, sir.* May I clean your room?
GUEST:	No, not now, please.
EMPLOYEE:	Should I come back later?
GUEST:	Yes, please.
EMPLOYEE:	Yes, sir. What time would you prefer?
GUEST:	Please come back in one hour.
EMPLOYEE:	Certainly, sir. Excuse me.
GUEST:	Thank you.
EMPLOYEE:	*You are welcome.*

COMPREHENSION

Observe a situação 1 e responda verdadeiro (V) ou falso (F). No quadro a seguir, escreva a(s) palavra(s) que justifica(m) sua resposta. Observe o exemplo.

	VERDADEIRO OU FALSO?			JUSTIFIQUE
1.	A arrumadeira pede permissão para fazer a limpeza com o hóspede dentro do apartamento.	(V)		May I clean your room now?
2.	O hóspede autoriza que a arrumadeira faça a limpeza.	( )		
3.	A arrumadeira pergunta se deve voltar depois.	( )		
4.	A arrumadeira verifica o horário que o hóspede prefere.	( )		
5.	O hóspede pede que ela retorne em 30 minutos.	( )		

VARIATIONS

O diálogo da situação 1 poderia ser diferente. Veja algumas das possíveis variações:

I. Atenção: Em alguns hotéis, o procedimento é tocar a campainha ou bater à porta e imediatamente apresentar-se, não aguardar a pergunta **Who is it?** do hóspede. Proceda de acordo com seu treinamento.

II. Outra forma de pedir permissão para fazer a limpeza do apartamento é:
May I make up your room?

Se quiser enfatizar que a limpeza seja feita 'agora', adicione:
May I clean your room now?
May I make up your room now?

III. Na situação 1, o hóspede preferiu que a limpeza não fosse feita naquele momento. Mas, ele poderia aceitá-la, fazendo um gesto para a arrumadeira entrar, e dizendo algo como:
Please come in.
Sure, come in.
Yes, come on in.
Yes, go ahead.

IV. Se o hóspede permitir a limpeza, assim que terminar, avise-o.
It's ready.

V. Na situação 1, o hóspede preferiu que a limpeza não fosse feita naquele momento. Ele poderia ter dito de outra forma, por exemplo, pedindo ou perguntando se você não poderia voltar mais tarde:
Please come back later.
Could you please come back later?
Could you please do it later?

▌▶ ATENÇÃO

Se isso acontecer, não há necessidade de você perguntar **Should I come back later?**. Você pode, nesse caso, verificar o horário de preferência do hóspede para a limpeza.

VI. Quando perguntar a ele um horário de sua preferência, ele pode dizer em quanto tempo você pode retornar, como fez na situação 1. Veja algumas opções:
Please come back in 30 minutes.
Can you please come back in half an hour? (= 30 minutes)
Could you come back in an hour? (= 1 hour)
How about two hours?
In about 1 hour. (em aproximadamente uma hora)

Ou ele pode usar um horário, por exemplo:
Please come back at around 3 o'clock pm. (aproximadamente)
At about 2:00 pm. (aproximadamente)

VII. Mas o hóspede pode não certeza e falar apenas:
Please come back later. (mais tarde)

Ou algo como:
I'm not sure. (não tenho certeza)
I don't know. (eu não sei)

Você pode avisá-lo que ele mesmo pode pedir a limpeza quando quiser, dessa forma:
Please call housekeeping when you want your room made up.
Please call reception when you want cleaning.

Se houver um ramal ou departamento que centraliza o atendimento ao hóspede, você também pode usá-lo.

VIII. Se você estiver no apartamento e o hóspede chegar, você pode pedir para terminar a limpeza, assim:

May I finish your room?

Caso o hóspede não aceite, você pode oferecer a reposição de algum item, por exemplo, das toalhas, dessa forma:

Would you like fresh towels?

LISTEN AND REPEAT

Agora que você já sabe como pode variar a situação 1, repita algumas possíveis combinações do que aprendeu:

Good morning, sir. May I clean your room?
Good afternoon, ma'am. May I make up your room now?
It's ready.
Should I come back later?
What time would you prefer?
Please call housekeeping when you want your room made up.
May I finish your room?
Would you like fresh towels?

EXERCISES

I. **Mark the correct time**
Observe o horário que o relógio marca na ilustração da esquerda e o pedido do hóspede. Marque no relógio da direita a que horas você deverá retornar para fazer a limpeza de acordo com o pedido do hóspede. Observe o exemplo.

TIME NOW	REQUEST	TIME TO COME BACK
🕚	Please come back in an hour.	🕛

1. TIME NOW	REQUEST	TIME TO COME BACK
	Can you please come back in half an hour?	
2. TIME NOW	REQUEST	TIME TO COME BACK
	Could you please come back in twenty minutes?	
3. TIME NOW	REQUEST	TIME TO COME BACK
	How about 9 am?	
4. TIME NOW	REQUEST	TIME TO COME BACK
	Please come back in two hours.	

II. **Complete the dialogue**

Use cada uma das frases a seguir apenas uma vez para completar o diálogo. Você pode escrever ou utilizar as letras correspondentes. Atenção: uma frase não será utilizada. Você já fez um exercício como esse na página 33. Se tiver dúvidas, volte a ele.

SENTENCE BANK

a. Certainly, sir.	e. Excuse me.
b. Yes, sir	f. Should I come back later?
c. May I make up your room now?	g. What time would you prefer?
d. It's a pleasure.	h. Good morning

Guest:	Good morning.
Employee:	_____
	_____

Guest:	Could you do it later?
Employee:	_____
	_____

Guest:	At about 5 pm.
Employee:	_____

Guest:	Thank you.
Employee:	_____
	_____

THINK ABOUT

Imagine o seguinte diálogo e pense como você o continuaria:

Chambermaid:	Good morning, sir. May I clean your room now?
Guest:	Well, chambermaid, I'd prefer if you came back at about 4 o'clock pm.
Chambermaid:	_____

AQUECENDO

Antes de começar a aprender coisas novas, observe a ilustração e pense um pouco sobre as seguintes questões:

Esta situação acontece em minha rotina de trabalho?

Consigo pensar em uma forma adequada de resolver isso em português?

Eu sei me comunicar nesta situação em inglês? O que eu posso ou devo dizer?

 LISTEN AND READ

SITUATION 2 **Do not disturb**

EMPLOYEE:	Excuse me, sir. May I vacuum?
GUEST:	Well, I'd rather not.
EMPLOYEE:	Yes, sir. Could you please put the "Do not disturb" sign?
GUEST:	Yes.
EMPLOYEE:	Thank you, sir. I'll come back later. Would you like anything else?
GUEST:	Yes, please. Can you bring an extra pillow?
EMPLOYEE:	Certainly, sir. I'll be right back… Here you are, sir.
GUEST:	Thank you.
EMPLOYEE:	You are welcome. Have a nice day. Excuse me.

STUDY
Room Items I, page 94.

COMPREHENSION

Observe a situação 2 e responda verdadeiro (V) ou falso (F). No quadro a seguir, escreva a(s) palavra(s) que justifica(m) sua resposta. Observe o exemplo.

	VERDADEIRO OU FALSO?		JUSTIFIQUE
1.	A arrumadeira pede permissão para passar o aspirador.	(V)	May I vacuum?
2.	O hóspede aceita.	( )	
3.	A arrumadeira pede que ele coloque a placa "Não perturbe".	( )	
4.	O hóspede afirma que não precisa de nada.	( )	
5.	A arrumadeira entrega ao hóspede o que ele solicitou.	( )	
6.	A arrumadeira diz que voltará no dia seguinte.	( )	

VARIATIONS

O diálogo da situação 2 poderia ser diferente. Veja algumas das possíveis variações:

I. Como se viu na situação 1, há várias formas que o hóspede pode utilizar para pedir que o serviço seja feito mais tarde (*later*), não seja feito naquele dia (hoje = *today*) ou seja feito apenas no dia seguinte (amanhã = *tomorrow*). Veja mais algumas opções:

I don't want the service today. Thank you.
I'd rather not have my room cleaned today.
I'd prefer if you could clean it later.
Not today, thank you.
Please do it tomorrow.
Please come back tomorrow.

II. Para não ser incomodado, ele pode ser orientado a utilizar a placa "Não perturbe", que em alguns hotéis pode ter outros dizeres. Em alguns hotéis, a placa é pendurada à maçaneta da porta; em outros, ela pode ser um cartão colocado em uma fenda do lado externo do apartamento; em outros ainda, pode haver uma luz vermelha que é acesa em um pequeno painel próximo à campainha. Você pode adaptar a frase de acordo com os procedimentos do hotel. Se achar conveniente, ao mesmo tempo em que fala a frase, pode demonstrar ao hóspede como deve ser feito.

Could you please put the "Do not disturb" sign? (colocar)

Could you please **hang** the "Do not disturb" sign? (pendurar)
Could you please **turn on** the "Do not disturb" sign? (ligar)

III. Há várias formas de verificar se o hóspede precisa de alguma coisa. Observe:
Would you like anything else?
May I help you with anything else?
Do you need anything else?
Anything else?

IV. Se você pegar os itens solicitados em seu carrinho, pode entregá-los ao hóspede imediatamente, assim:
Here you are. (Utilizado para entregar uma ou mais coisas. Singular ou plural).
Here it is. (Utilizado para entregar uma coisa. Singular)
Here they are. (Utilizado para entregar várias coisas. Plural).

Se você tiver de buscar alguma coisa que não está em seu carrinho ou próximo de você, pode avisá-lo que volta logo ou dizer quanto tempo vai demorar. Observe:
I'll be right back. (Utilize esta frase apenas se for voltar rapidamente)
I'll be back in a few minutes.
I'll be back in ten minutes.

V. Aqui estão algumas formas de resposta que você pode ouvir para quando ele não precisar de nada:
No, thanks, I'm fine.
No, thank you.
No, I'm all set, thanks.
No, I don't need anything right now, thanks.

VI. Pode haver uma situação em que você tenha de entrar no apartamento do hóspede e queira desculpar-se por estar incomodando. Nesses casos, poderá dizer:
I'm sorry to disturb, sir.

LISTEN AND REPEAT

Agora que você já sabe como pode variar a situação 2, repita algumas possíveis combinações do que aprendeu:

May I vacuum?
I'll come back later.

Could you please hang the "Do not disturb" sign?

May I help you with anything else?

Here it is.

I'll be right back.

I'll be back in a few minutes.

I'm sorry to disturb, ma'am.

EXERCISES

I. **Mark the correct answer**

Escolha a alternativa correta para completar a conversa de forma adequada. Lembre-se: nas situações a seguir, o hóspede está falando primeiro. Observe o exemplo.

GUEST: Good afternoon.

a. ( ) **Employee:** Good morning, sir.

b. (×) **Employee:** Good afternoon.

c. ( ) **Employee:** Yes, sir. Good afternoon.

---

1. **GUEST:** I'd rather not have the service now. Please come back at 2:00 pm.

a. ( ) **Employee:** Yes, sir. What time would you prefer?

b. ( ) **Employee:** Yes, sir. Should I come back later?

c. ( ) **Employee:** Yes, sir. I'll come back later.

2. **GUEST:** Please come back in about an hour to make up my room.

a. ( ) **Employee:** What time would you prefer?

b. ( ) **Employee:** Should I come back later?

c. ( ) **Employee:** Yes, sir. Excuse me.

3. **GUEST:** Can you come back later?

a. ( ) **Employee:** Yes, sir. What time would you prefer?

b. ( ) **Employee:** Should I come back later?

c. ( ) **Employee:** Excuse me.

4.	**GUEST:** I'd rather not have my room made up now, please.	

a. ( ) **Employee:** Yes, sir. May I come in?

b. ( ) **Employee:** Yes, sir. Should I come back later?

c. ( ) **Employee:** Excuse me. May I help you?

5.	**GUEST:** Please come back tomorrow.

a. ( ) **Employee:** Yes, ma'am. Could you please put the "Do not disturb" sign?

b. ( ) **Employee:** Yes, ma'am. I'll come back later.

c. ( ) **Employee:** Yes, ma'am. Should I come back later?

II. **Mark the correct answer**

Escolha a alternativa correta para completar a conversa de forma adequada. Lembre-se: nas situações a seguir, você está falando primeiro.

1.	**EMPLOYEE:** May I make up your room now?

a. ( ) **Guest:** Yes, come in.

b. ( ) **Guest:** Sure, my trip was excellent.

c. ( ) **Guest:** Here is my room.

2.	**EMPLOYEE:** Should I come back later?

a. ( ) **Guest:** Yes, put my luggage on the bed, please.

b. ( ) **Guest:** Please come at about 3:00 pm.

c. ( ) **Guest:** This is for you, chambermaid.

3.	**EMPLOYEE:** What time would you prefer?

a. ( ) **Guest:** Please come in.

b. ( ) **Guest:** Can you come at around 2:00 o'clock?

c. ( ) **Guest:** Here it is.

4.	**EMPLOYEE:** Can you please put the "Do not disturb" sign?

a. ( ) **Guest:** All right.

b. ( ) **Guest:** Please come in 30 minutes.

c. ( ) **Guest:** Please come back later.

5.	**EMPLOYEE:** Would you like anything else?

a. ( ) **Guest:** Yes, please come back later.

b. ( ) **Guest:** Yes, please come in.

c. ( ) **Guest:** No, I'm fine, thank you.

THINK ABOUT

Se você estiver pedindo permissão para realizar algum serviço e o hóspede começar a sua frase dizendo algo como: Well...; I'd prefer...; I'd like to...; I'd rather..., você acha que ele quer dizer sim ou não?

_____

_____

_____

_____

_____

_____

AQUECENDO

Antes de começar a aprender coisas novas, observe a ilustração e pense um pouco sobre as seguintes questões:

Esta situação acontece em minha rotina de trabalho?

Consigo pensar em uma forma adequada de resolver isso em português?

Eu sei me comunicar nesta situação em inglês? O que eu posso ou devo dizer?

 LISTEN AND READ

SITUATION 3 — **Checking the minibar in a hotel room**

EMPLOYEE:	(rings the doorbell)
GUEST:	Who is it?
EMPLOYEE:	*Housekeeping, sir.* May I come in?
GUEST:	Yes?
EMPLOYEE:	*Good morning, sir.* May I check the minibar?
GUEST:	Yes, come in...
EMPLOYEE:	Excuse me, sir... Just a moment, sir. I need to replenish it.
	... Sir, it's done. Thank you. Have a nice day. Excuse me.

STUDY
Minibar items, page 95.

CHAPTER 2 | HOUSEKEEPING SERVICES | 75

COMPREHENSION

Observe a situação 3 e responda verdadeiro (V) ou falso (F). No quadro a seguir, escreva a(s) palavra(s) que justifica(m) sua resposta. Observe o exemplo.

	VERDADEIRO OU FALSO?		JUSTIFIQUE
1.	O atendente de frigobar apresenta-se à porta do apartamento do hóspede.	(V)	Minibar attendant, sir.
2.	O atendente de frigobar pede permissão para entrar.	( )	
3.	O atendente de frigobar pede permissão para fazer a conferência dos itens no frigobar.	( )	
4.	Ele não faz a reposição dos itens que estão faltando.	( )	
5.	Antes de sair, pede apenas licença.	( )	

VARIATIONS

O diálogo da situação 3 poderia ser diferente. Veja algumas das possíveis variações:

I. Em alguns hotéis, o departamento de alimentos e bebidas é responsável pela conferência e reposição de itens do frigobar. Em outros, o departamento de governança faz esse serviço.

Se a responsabilidade for de seu departamento, a governança, para se apresentar à porta, você dirá:

Housekeeping.

Pode haver também um profissional específico para isso:

Minibar attendant.

Dentro do departamento de alimentos e bebidas, pode ser também que o serviço de quarto tome conta dessa tarefa, então eles dirão:

Room service.

II. Outras formas de falar que fará a reposição:

I need to refill it.

I need to restock it.

III. Durante a reposição, o hóspede pode perguntar sobre algum item que ele não conheça, assim: **What is this?** (O que é isso?). Você poderá responder simplesmente dizendo o que é: **Cashew nuts, sir.**

IV. Quando você se ausenta do apartamento para buscar itens de reposição em seu carrinho, o hóspede pode perguntar algo como: **Are you finished?** ou **Have you finished?** para verificar se você terminou. Então você deve pedir um momento para a reposição de alguns itens.

V. O hóspede pode, por alguma razão, solicitar a retirada de algum item do minibar. Nesse caso, você diz:
Excuse me, sir. I'm here to remove the items you requested from the minibar. May I come in?

VI. Algumas vezes, a conferência de frigobar acontece na saída do hóspede, no momento do fechamento da conta. Se você encontrar o hóspede durante essa conferência e souber que ele está de saída, poderá desejar a ele uma boa viagem, assim:
Have a nice trip.

LISTEN AND REPEAT

Agora que você já sabe como pode variar a situação 3, repita algumas das possíveis combinações que aprendeu:

Housekeeping. May I come in?
May I check the minibar?
Just a moment, sir. I need to replenish it.
I'm here to remove the items you requested from the minibar.
It's done, ma'am. Thank you. Have a nice trip. Excuse me.

EXERCISES

I. **Order the dialogue**
Ordene as falas do diálogo conforme sua prática profissional. Atenção: o diálogo ocorre em duas partes, da primeira vez o hóspede não permite o serviço.

PARTE I

(1)	(employee rings the doorbell) Who is it?
( )	Certainly, sir. Excuse me.
( )	Good morning, sir. May I check the minibar?
( )	Housekeeping, sir.
( )	Yes, sir. I'll come back later.
( )	Well, not now, please.
( )	Please come back in 30 minutes
( )	Yes? (guest opens the door)

PARTE II

(9)	(employee rings the doorbell again) Housekeeping, sir. May I check the minibar now?
( )	Excuse me, sir... Sir, it's done. Thank you. Have a nice day. Excuse me.
( )	It's a pleasure.
( )	Thank you very much.
( )	Yes, come in...

II. **What's different?**

Leia as duas partes do diálogo no exercício I e procure três diferenças importantes entre elas. Depois que as encontrar, pergunte-se por que essas diferenças estão presentes no diálogo.

_____

_____

_____

_____

_____

_____

THINK ABOUT

Volte à situação de conferência e reposição de frigobar e imagine dois finais diferentes para esse diálogo. No primeiro final que você criar, o hóspede continuará hospedado por mais alguns dias. No segundo, ele está indo embora naquele momento.

FINAL 1

FINAL 2

CHAPTER 2 | HOUSEKEEPING SERVICES | 79

●●● AQUECENDO

Antes de começar a aprender coisas novas, observe a ilustração e pense um pouco sobre as seguintes questões:

Esta situação acontece em minha rotina de trabalho?

Consigo pensar em uma forma adequada de resolver isso em português?

Eu sei me comunicar nesta situação em inglês? O que eu posso ou devo dizer?

 LISTEN AND READ

SITUATION 4 — **Picking up laundry**

EMPLOYEE:	*Good morning, sir.* Do you have any laundry?
GUEST:	Yes, I'd like to have this suit washed.
EMPLOYEE:	Certainly, sir. For when?
GUEST:	I need it for tonight.
EMPLOYEE:	There's 100% additional charge. Is that all right?
GUEST:	Well, what time is regular delivery?
EMPLOYEE:	*Tomorrow at midday, sir.*
GUEST:	No, it'll have to be for tonight.
EMPLOYEE:	Yes, sir. Please fill in the laundry list and sign it.

> **STUDY**
> *Clothes and Laundry Actions*, pages 96 and 98.

> **STUDY**
> *Numbers II*, page 98.

GUEST:	All right. Here you are.
EMPLOYEE:	Yes, sir. *Would you like anything else?*
GUEST:	No, that's all.
EMPLOYEE:	Certainly, sir. Have a nice day. Excuse me.

COMPREHENSION

Observe a situação 4 e responda verdadeiro (V) ou falso (F). No quadro a seguir, escreva a(s) palavra(s) que justifica(m) sua resposta. Observe o exemplo.

	VERDADEIRO OU FALSO?		JUSTIFIQUE
1.	O hóspede não tem roupas para a lavanderia hoje.	(F)	Yes, I'd like to have this suit washed.
2.	Como ele precisa de sua lavanderia pronta para hoje, ele pagará um acréscimo de 50%.	( )	
3.	A entrega para lavanderia normal seria ao meio-dia do dia seguinte.	( )	
4.	Para solicitar a lavanderia, o hóspede precisa preencher o rol de lavanderia e assiná-lo.	( )	
5.	Ao final do atendimento, a arrumadeira pergunta ao hóspede se ele quer toalhas limpas.	( )	
6.	O hóspede pede mais produtos de higiene.	( )	

VARIATIONS

O diálogo da situação 4 poderia ser diferente. Veja algumas das possíveis variações:

I. Alguns hotéis têm o serviço de lavanderia terceirizada. Dessa forma, os procedimentos para recolher a lavanderia podem variar.

II. As regras para acréscimo no valor dos serviços de lavanderia dependem do horário em que o hóspede solicita o serviço. Geralmente, no serviço que é chamado de lavanderia normal (em inglês, *regular*), as roupas entregues antes das 10h00 são devolvidas no mesmo dia e as que são entregues depois desse horário são devolvidas no dia seguinte. Caso o hóspede precise das roupas em um período mais curto, ele paga um acréscimo de 50% ou 100% no valor do serviço, dependendo da urgência e da política do hotel. Usualmente, o serviço de lavanderia feito mais rápido é chamado de expresso (em inglês, *express*). Para informar sobre os acréscimos e verificar se o hóspede concorda em pagar, diga:

CHAPTER 2 | HOUSEKEEPING SERVICES | 81

There's 50% additional charge. Is that all right?
There's 100% additional charge. Is that all right?

III. Se o hóspede quiser saber os horários de entrega, vai perguntar algo como:
What time is regular delivery?
What time is regular laundry delivered?
What time is express laundry delivery?

Em sua resposta, diga se será entregue no mesmo dia ou no dia seguinte e o horário:
(On) the same day at 6 pm. (às 18h00)
(On) the next day after midday. (depois das 12h00)
(On) the following day until midday. (até as 12h00)
One day after pick up at around noon. (aproximadamente às 12h00)

Ou considerando que o dia em ele fez a pergunta é *hoje*, você também pode dizer:
This afternoon.
Tonight.
Today at about 6 pm.
Tomorrow morning at about 10 am.

IV. Caso o hóspede ja tenha preenchido o rol da lavanderia porém não o tenha assinado, você pode dizer:
Can you please sign it?
Please sign the laundry list.
Please sign here. (apontando onde ele deve assinar)
Could you please sign here?

V. O hóspede pode fazer pedidos especiais como dobrar uma camisa ou engomar um colarinho, por exemplo. Observe:
I'd like to have my shirt folded, please.
Please have my shirt collar starched.

Veja as ações referentes aos serviços de lavanderia em *Laundry actions*, na página 98. Fique atento ao pedido e anote-o no rol caso ele não o tenha feito. Sua resposta será simples como **Yes** ou **Certainly**, mas a compreensão do que ele está pedindo é fundamental para que o serviço seja devidamente realizado.

VI. Serviços de passadoria costumam ser mais rápidos e a maior parte dos hotéis negocia o tempo com os hóspedes de acordo com o movimento. Se o hóspede pedir o serviço dentro de um tempo possível, apenas diga **Yes** ou **Certainly**. Se não, sugira um tempo possível:

Guest: **Well, I need this coat ironed in 30 minutes, please.**
Laundry attendant: **I'm sorry, ma'am. That is not possible. Is one hour all right?**

VII. Arrumadeiras em hotéis com lavanderia terceirizada podem não ser responsáveis por recolher a lavanderia. Pode haver um profissional específico para essa tarefa. No entanto, caso seja permitido e ela queira recolher a lavanderia, ela pode dizer:
I'll take your laundry.
I'll take it.

VIII. Hotéis com demanda menor ou lavanderia terceirizada podem ter seus serviços interrompidos aos domingos e feriados, por exemplo. Se este for o seu caso, diga:
The laundry is closed on Sundays and holidays.

STUDY
Days of the week, page 100.

LISTEN AND REPEAT

Agora que você já sabe como pode variar a situação 4, repita algumas possíveis combinações do que aprendeu:

Do you have any laundry?
For when?
There's 100% additional charge. Is that all right?
Tomorrow at midday, sir.
On the next day after midday.
One day after pick up at around noon.
Please fill in the laundry list and sign it.
Could you please sign here?
I'm sorry, ma'am. That is not possible. Is one hour all right?
I'll take your laundry.
The laundry is closed on Sundays and holidays.

EXERCISES

I. **Order the dialogue**
Coloque o diálogo em ordem. Atenção: um dos números já foi preenchido.

( )	Certainly, sir. Sign here, please.
( )	Good morning, sir. Do you have any laundry?
(6)	It's all right, tomorrow is good, then. And can I have it folded, please?
( )	The next day until noon, sir.
( )	Yes, sir. There's 50% additional charge. Is that all right?
( )	Well, what time is regular delivery?
( )	Yes, I'd like to have this shirt washed for tonight.

II. **Complete the tables**

Levando em conta os procedimentos do local onde você trabalha, complete a tabela a seguir utilizando o formato de horas em inglês. Caso precise de ajuda, consulte *Time I*, na página 48. *Se a nomenclatura for diferente, adicione-a na tabela.

	REGULAR OR *_____	EXPRESS OR *_____
PICK UP TIME?		
DELIVERY TIME?		
SAME or NEXT DAY?		
ADDITIONAL RATE?	0%	

Agora levando em conta a sua prática profissional, complete a tabela a seguir, utilizando as palavras em inglês. Caso precise de ajuda, consulte *Clothes*, na página 96.

➤ Que roupas o hóspede usualmente pede para:

FOLD	HANG	STARCH	DRY-CLEAN

THINK ABOUT

Volte ao exercício I e reflita sobre o andamento do diálogo:

1. Aproximadamente a que horas este diálogo teria acontecido?

   _____

   _____

   _____

2. No final, o hóspede pediu que tipo de lavanderia, a normal ou a expressa? Qual é a frase que comprova isso?

   _____

   _____

   _____

3. Se ele tivesse escolhido a outra, de que forma o diálogo terminaria?

   _____

   _____

   _____

CHAPTER 2 | HOUSEKEEPING SERVICES | 85

●●● AQUECENDO

Antes de começar a aprender coisas novas, observe a ilustração e pense um pouco sobre as seguintes questões:

Esta situação acontece em minha rotina de trabalho?

Consigo pensar em uma forma adequada de resolver isso em português?

Eu sei me comunicar nesta situação em inglês? O que eu posso ou devo dizer?

 LISTEN AND READ

SITUATION 5 — **Delivering laundry**

EMPLOYEE:	Good morning, ma'am. Here's your laundry.
GUEST:	Oh, thank you... Excuse me, room attendant, my black *pants* are missing.
EMPLOYEE:	I'm sorry ma'am. I'll check that for you. Excuse me.
	...
EMPLOYEE:	(a few minutes later) Excuse me, ma'am. Here are the *pants*.
GUEST:	Thank you.
EMPLOYEE:	It's a pleasure. Would you like anything else?
GUEST:	Well, this suit is creased.
EMPLOYEE:	I'm sorry, ma'am. I speak a little English. Please call extension 603.
GUEST:	All right. Thank you.
EMPLOYEE:	You are welcome. Excuse me.

STUDY
Colors, page 100.

STUDY
Laundry complaints, page 98.

COMPREHENSION

Observe a situação 5 e responda verdadeiro (V) ou falso (F). No quadro a seguir, escreva a(s) palavra(s) que justifica(m) sua resposta. Observe o exemplo.

	VERDADEIRO OU FALSO?		JUSTIFIQUE
1.	O diálogo acontece no momento da entrega da lavanderia.	(V)	Here's your laundry.
2.	Ao conferir os itens entregues, o hóspede sente falta de uma camisa.	( )	
3.	A arrumadeira desculpa-se e informa que vai verificar o ocorrido.	( )	
4.	Três horas mais tarde, a arrumadeira traz o item que estava faltando.	( )	
5.	O hóspede tem mais uma observação a fazer: o terno que veio da lavanderia está amassado.	( )	
6.	A arrumadeira informa que o terno será passado novamente.	( )	

VARIATIONS

O diálogo da situação 5 poderia ser diferente. Veja algumas das possíveis variações:

I. Algumas vezes, o hóspede pode lhe perguntar algo que você precisa de um tempo para verificar. Nesses casos, poderá utilizar frases como:
Just a moment, sir. I'll check it for you.

II. Você aprendeu na situação 2 a entregar algo sem dizer o nome do objeto. Lembre-se de que sempre deve observar se o que está entregando é singular ou plural. Vamos agora adicionar o nome do objeto, o que lhe servirá principalmente para entregar algo que o hóspede pediu anteriormente. Veja:
Here is the skirt.
Here are the shorts.

III. Há várias formas de lidar com as reclamações sobre serviços de lavanderia feitos de modo insatisfatório. Certamente você tem a informação de quais são os procedimentos padrão em seu local de trabalho. Uma das possibilidades é desculpar-se, recolher imediatamente a peça cujo serviço foi feito inadequadamente e informar o hóspede que o departamento tomará providências. Aqui está um exemplo:

I apologize, ma'am. We'll fix that.
I'm sorry, ma'am. We will take care of that.

Se você não se sentir segura para dialogar com o hóspede ou não compreender sua reclamação, pode encaminhá-lo a alguém que pode cuidar disso, dessa forma:
I'm sorry, ma'am. I don't understand. Please call the laundry department.
I apologize, sir. I speak a little English. Please call housekeeping.

Se o seu local de trabalho dispuser de um ramal ou departamento que concentra os pedidos e as reclamações dos hóspedes, você pode utilizá-lo nessa frase.

IV. Se o hóspede quiser informações que você não consegue dar, você pode encaminhá-lo ao departamento responsável, assim, por exemplo:
Please call front desk.

LISTEN AND REPEAT

Agora que você já sabe como pode variar a situação 5, repita algumas possíveis combinações do que aprendeu:

Here's your laundry
I'll check that for you.
Here is the skirt.
I apologize, ma'am. We will take care of that.
I'm sorry, ma'am. I don't understand. Please call the laundry department.

EXERCISES

I. **Singular or plural?**

Imagine que você vai entregar os itens listados a seguir ao hóspede. Marque (1) se você deve dizer "Here is your..." e (2) se você deve dizer "Here are your ..."

a. ( ) Bathrobe	f. ( ) panties
b. ( ) Blouse	g. ( ) bra
c. ( ) Pants	h. ( ) shirt
d. ( ) Dress	i. ( ) shorts
e. ( ) Gloves	j. ( ) skirt

II.   **Mark the correct answer**

Escolha a alternativa correta para completar a conversa de forma adequada. Lembre-se: nas situações a seguir, o hóspede está falando primeiro.

---

1.   **GUEST:** I want this dress washed.

a.   (   ) **Employee:** I'm sorry, sir. Is one hour all right?

b.   (   ) **Employee:** Certainly, sir. For when?

c.   (   ) **Employee:** There's 100% additional charge.

---

2.   **GUEST:** My socks are missing!

a.   (   ) **Employee:** Do you have any laundry?

b.   (   ) **Employee:** I'll check that for you.

c.   (   ) **Employee:** Here are your pants.

---

3.   **GUEST:** I need the brown sweater washed in 3 hours.

a.   (   ) **Employee:** I'm sorry, sir. Is one hour all right?

b.   (   ) **Employee:** I'm sorry, sir. I speak a little English.

c.   (   ) **Employee:** Yes, sir. There's 50% additional charge.

---

4.   **GUEST:** I need these T-shirts ironed in 30 minutes.

a.   (   ) **Employee:** I'm sorry, sir. That's not possible. Is one hour all right?

b.   (   ) **Employee:** Here are your T-shirts.

c.   (   ) **Employee:** Here's your laundry.

---

5.   **GUEST:** What time is regular delivery?

a.   (   ) **Employee:** Here's your laundry.

b.   (   ) **Employee:** For when?

c.   (   ) **Employee:** The next day till 12, ma'am.

---

6.   **GUEST:** These pants are stained!

a.   (   ) **Employee:** I'm sorry, sir. Is one hour all right?

b.   (   ) **Employee:** Sorry, sir. I speak a little English. Please call laundry.

c.   (   ) **Employee:** There's 50% additional charge.

THINK ABOUT

Pense em 3 reclamações usuais de hóspedes estrangeiros em relação aos serviços de lavanderia. Escreva-as nas linhas a seguir. Depois pense em como responder a essas reclamações e complete os mini-diálogos.

Guest's complaint: _____

Your response: _____

_____

Guest's complaint: _____

Your response: _____

_____

Guest's complaint: _____

Your response: _____

_____

••• AQUECENDO

Antes de começar a aprender coisas novas, observe a ilustração e pense um pouco sobre as seguintes questões:

Esta situação acontece em minha rotina de trabalho?

Consigo pensar em uma forma adequada de resolver isso em português?

Eu sei me comunicar nesta situação em inglês? O que eu posso ou devo dizer?

 LISTEN AND READ

SITUATION 6 ## Offering the turn down service

GUEST:	(employee rings the doorbell) Who is it?
EMPLOYEE:	*Turn down service, sir.*
GUEST:	Yes. (guest opens the door)
EMPLOYEE:	*Good evening, sir.* **May I turn down the bed?**
GUEST:	Sure, come in.
EMPLOYEE:	Excuse me, sir… It's ready, sir. *Would you like anything else?*
GUEST:	No, thank you. Everything is fine.
EMPLOYEE:	*You are welcome.* Have a good night.
GUEST:	Good night.

COMPREHENSION

Observe a situação 6 e responda verdadeiro (V) ou falso (F). No quadro a seguir, escreva a(s) palavra(s) que justifica(m) sua resposta. Observe o exemplo.

	VERDADEIRO OU FALSO?			JUSTIFIQUE
1.	O diálogo acontece no início da noite.	(	V)	Good evening.
2.	A arrumadeira oferece a abertura de cama.	(	)	
3.	O hóspede não permite que a arrumadeira entre naquele momento.	(	)	
4.	A arrumadeira pergunta se o hóspede precisa de mais alguma coisa.	(	)	
5.	O hóspede pede que ela traga mais água.	(	)	
6.	A arrumadeira deseja ao hóspede uma boa estada.	(	)	

VARIATIONS

O diálogo da situação 6 poderia ser diferente. Veja algumas das possíveis variações:

I. O serviço de abertura de cama é feito no final da tarde. O objetivo é tornar o apartamento mais aconchegante para a chegada do hóspede à noite. Geralmente, a colcha da cama é retirada, e os lençóis têm as bordas próximas aos travesseiros dobradas. Alguns hotéis também fecham as cortinas, diminuem a intensidade da luz no apartamento, colocam toalhas limpas e repõe itens de higiene e frigobar. Podem ainda oferecer um mimo, como um chocolate mentolado, que será colocado sobre o travesseiro. Em alguns hotéis, o serviço de abertura de cama pode ter outro nome. Se esse é caso no hotel em que você trabalha, você pode utilizar esse nome na hora de oferecer o serviço. Há também hotéis que não oferecem esse serviço para todas as categorias de apartamento.

II. Para oferecer o serviço de abertura, você também pode dizer:
Would you like me to turn down your bed?

III. Se o hóspede não permitir o serviço, você pode oferecer alguns itens. Na situação 1, você ofereceu *fresh towels*. Você também pode oferecer itens de higiene ou reposição de frigobar utilizando a mesma estrutura de frase:
Would you like fresh towels, bathroom amenities or minibar items?

ATENÇÃO

A palavra *amenities*, comumente usada em hotelaria no português, consiste no conjunto de produtos de higiene pessoal colocados à disposição do hóspede. Em inglês, *amenities* tem um significado mais abrangente em hotelaria. Indica os serviços oferecidos ao hóspede além da hospedagem em um apartamento, tais como acesso a internet, spa ou uma televisão de LCD, por exemplo, e podem incluir itens de higiene pessoal. Para falar desses itens especificamente, pode-se usar as palavras **bathroom amenities**, **bath products** ou **toiletry**. Vamos aprender o vocabulário para estes itens no capítulo 5.

Para oferecer qualquer outro item ou serviço que faça parte dos procedimentos de abertura de cama no hotel em que trabalha, você pode utilizar o mesmo início, por exemplo:
Would you like a complimentary cup of tea?

IV. Informar que está pronto (*ready*) é opcional. No entanto, é recomendável perguntar se ele precisa de mais alguma coisa. Você já sabe várias formas de fazê-lo. Caso ele peça alguma coisa, há duas possibilidades: o que ele pediu está bem próximo de você e você não irá se ausentar, ou está longe e você precisará informar que volta depois. (Reveja a situação 2 se tiver dúvidas). Supondo que ele peça mais um cobertor, por exemplo, você pode responder:
Just a moment, sir. I'll be right back... Here is your extra blanket.

LISTEN AND REPEAT

Agora que você já sabe como pode variar a situação 6, repita algumas possíveis combinações do que aprendeu:

Turn down service, sir.
Good evening, sir. May I turn down the bed?
Would you like me to turn down your bed?
Would you like fresh towels, bathroom amenities or minibar items?
Would you like a complimentary cup of tea?

EXERCISES

I. **Complete**
Levando em conta a sua prática, complete os diálogos a seguir.

CHAPTER 2 | HOUSEKEEPING SERVICES | 93

DIALOGUE 1

Employee: Good evening, ma'am. May I turn down the bed?

Guest: Yes, please come in.

Employee: _____

_____

Guest: Thank you.

DIALOGUE 2

Employee: Good evening, ma'am. Would you like me to turn down the bed?

Guest: Well, it's not necessary, thank you.

Employee: _____

_____

Guest: Yes, please bring me some more mineral water.

Employee: _____

_____

DIALOGUE 3

Employee: Good evening, ma'am. Would you like me to turn down the bed?

Guest: Could you come back in 15 minutes?

Employee: _____

_____

Guest: Thank you.

II. **Match the columns**

Ligue as frases com as funções que elas expressam. Observe o exemplo.

1. Oferecer ajuda	a. ( )	May I make up your room now?
2. Pedir licença	b. ( )	May I clean your room now?
3. Pedir para aspirar	c. ( )	May I help you?
4. Pedir permissão para limpar	d. ( )	May I vacuum?
5. Outra forma de pedir permissão para limpar	e. ( )	May I turn down the bed?
6. Pedir permissão para terminar a arrumação	f. (2)	Excuse me.
7. Pedir permissão para a abertura da cama	g. ( )	May I finish your room?

THINK ABOUT

Para pedir permissão, começamos as perguntas com algumas palavras sempre iguais. Para oferecer algo, outras palavras estão sempre no início da pergunta. Quais são?

_____
_____
_____
_____
_____
_____

VOCABULARY

ROOM ITEMS I

LISTEN AND REPEAT

EXERCISE

Match the pictures to the names

Ligue as figuras aos seus nomes utilizando os números que estão nos quadros. Observe o exemplo.

[ ] ashtray [cinzeiro]		[16] hand towel [toalha de rosto]	
[ ] bath towel [toalha de banho]		[ ] keycard [chave cartão]	
[ ] bathmat [piso de banho]		[ ] key [chave]	
[ ] bedcover / bedspread [colcha]		[ ] matches [fósforos]	
[ ] blanket [cobertor]		[ ] pillow [travesseiro]	
[ ] (coat) hanger [cabide]		[ ] pillow case [fronha]	
[ ] cup [xícara]		[ ] sheets [lençóis]	
[ ] duvet [edredom]		[ ] washcloth [toalha de mão]	
[ ] glass [copo]		[ ] wastebasket [cesto de lixo]	

MINIBAR ITEMS

LISTEN AND REPEAT

Estude os itens que usualmente compõem um frigobar

beer [cerveja]
bottle [garrafa]
can [lata]
cashew nuts [castanhas de caju]
cereal bar [barra de cereais]
chewing gum [goma de mascar]
chocolate bar [barra de chocolate]
chocolate candies [bombom ou balas de chocolate]
chocolate milk [achocolatado]
coconut water [água de coco]
cognag [conhaque]
crackers [bolachas salgadas tipo cream-cracker]
cup [xícara ou copo plástico]
energy drink [energético]
fruit juice [suco de frutas]
gin [gin]
ice cubes [cubos de gelo]
ice tea [chá gelado]
instant coffee [café solúvel]

peanuts [amendoim]
potato chips [batatas chips]
rum [rum]
soft drinks / sodas [refrigerantes]
sparkling mineral water [água mineral com gás]
still mineral water [água mineral sem gás]
tea [chá]
tonic water [água tônica]
vodka [vodka]
whisky [uísque]

EXERCISE

Categorize

Observe as palavras listadas e coloque-as na coluna que corresponde a sua categoria.

BEBIDAS ALCOÓLICAS	BEBIDAS NÃO ALCOÓLICAS	RECIPIENTES
_____	_____	_____
_____	_____	_____
_____	_____	_____
_____	_____	_____
_____	_____	_____

SALGADOS	DOCES	OUTROS
_____	_____	_____
_____	_____	_____
_____	_____	_____
_____	_____	_____
_____	_____	_____

CLOTHES
LISTEN AND REPEAT

CHAPTER 2 | HOUSEKEEPING SERVICES | 97

EXERCISE

Match the pictures to the names

Ligue as figuras aos seus nomes utilizando os números que estão nos quadros.

[ ] blazer / jacket [blazer / jaqueta / paletó]	[ ] shirt [camisa]
[ ] blouse / top [blusa]	[ ] shorts [shorts]
[ ] coat [casaco]	[ ] skirt [saia]
[ ] dress [vestido]	[ ] suit [terno]
[ ] pajamas [pijamas]	[ ] tie [gravata]
[ ] pants / slacks / trousers [calças]	[ ] t-shirt [camiseta]

Seguem os nomes de outras peças de roupa que você pode aprender:

bathing suit / swimsuit [maiô/ calção de banho]
bra / brassiere [sutiã]
briefs / trunks [cuecas]
gloves [luvas]
hanky/ handkerchief [lenço]
nightgown [camisola]
overcoat [sobretudo]
panties [calcinhas]
polo shirt [camisa polo]
raincoat [capa de chuva]
scarf [echarpe]
socks [meias]
stockings / tights / pantyhose [meia-calça]
sweater / pullover [blusa de lã]
undershirt [camiseta regata]
vest [colete]

LAUNDRY ACTIONS

LISTEN AND REPEAT

Estude agora os verbos que indicam as ações executadas na lavanderia

dry-clean [lavar a seco]
fold [dobrar]
hang [pendurar]
iron [passar]
sew [costurar]
starch [engomar]
steam-clean [limpar à vapor]
wash [lavar]

LAUNDRY COMPLAINTS

LISTEN AND REPEAT

Aprenda também o vocabulário referente a possíveis reclamações nesse assunto

creased [amassado]
faded [desbotado]
shrunk [encolhido]
stained [manchado/a]
torn [rasgado]

BASICS

NUMBERS II: FROM ONE HUNDRED (100) TO NINE HUNDRED NINETY-NINE (199)

LISTEN AND REPEAT

FROM 100 TO 900			
100	one hundred	600	six hundred
200	two hundred	700	seven hundred
300	three hundred	800	eight hundred
400	four hundred	900	nine hundred
500	five hundred		

CHAPTER 2 | HOUSEKEEPING SERVICES | 99

FROM 100 TO 999 - EXAMPLES			
101	one hundred and one	557	five hundred and fifty-seven
110	one hundred and ten	660	six hundred and sixty
130	one hundred and thirty	769	seven hundred and sixty-nine
217	two hundred and seventeen	870	eight hundred and seventy
233	two hundred and thirty-three	973	nine hundred and seventy-three
346	three hundred and forty-six	999	nine hundred and ninety-nine
450	four hundred and fifty		

◆▶ ATENÇÃO

Para preços, dizemos:

➤ US$ 0,25: twenty five cents
➤ US$ 1,05: one dollar and five cents / one-o-five
➤ R$ 3,20: three reais and twenty cents / three-twenty
➤ € 47,00: forty seven euros
➤ R$ 58,00: fifty eight reais
➤ US$ 739,00: seven hundred and thirty nine dollars
➤ € 399,00: three hundred and ninety nine euros

EXERCISES

I. **Look at the example and write these numbers.**

Leia e escreva o número, como no exemplo.

1. seven hundred and thirty	730	10. twenty-two seventy	
2. two hundred and sixty-nine		11. two sixty	
3. eight hundred and seventy		12. fourteen	
4. four hundred and four		13. forty-three-o-one	
5. six hundred and twelve		14. ten-o-eight	
6. three hundred and eighty-seven		15. ninety–three thirteen	
7. five hundred and thirteen		16. one-o-one	
8. nine hundred		17. three forty	
9. one hundred and nine		18. fifteen fifty	

II. **Use numbers and words.**
Escreva usando os numerais e as palavras

Write the number of your house or apartment:
(o número de sua casa ou apartamento)

_____

DAYS OF THE WEEK
LISTEN AND REPEAT

Sunday [domingo]
Monday [segunda-feira]
Tuesday [terça-feira]
Wednesday [quarta-feira]
Thursday [quinta-feira]
Friday [sexta-feira]
Saturday [sábado]

COLORS
LISTEN AND REPEAT

EXERCISE

Coloque a cor correspondente no quadradinho

COLOR THE BOX	ENGLISH	PORTUGUESE	COLOR THE BOX	ENGLISH	PORTUGUESE
	beige	bege		orange	laranja
	black	preto		pink	rosa
	blue	azul		purple	roxo
	brown	marrom		red	vermelho
	gray	cinza		white	branco
	green	verde		yellow	amarelo

GLOSSARY 2

FUNCTION	ENGLISH	SIT	PORTUGUESE	PROFESSIONAL TIPS
Pedir permissão para limpar	*May I clean your room now?*	1	Posso limpar o apartamento agora?	Você aprendeu que é possível oferecer a limpeza do apartamento de duas formas.
Informar que algo está pronto	**It's ready.**	1	Está pronto.	
Oferecer-se para voltar depois	**Should I come back later?**	1	Devo voltar depois?	
Perguntar o horário de preferência (para a limpeza)	**What time would you prefer?**	1	A que horas prefeririria?	
Pedir que ligue quando quiser a arrumação	**Please call** *housekeeping* **when you want your room made up.**	1	Por favor, ligue para a governança quando quiser a arrumação.	
Pedir permissão para terminar a arrumação	**May I finish your room?**	2	Posso terminar a arrumação?	Para pedir permissão, comece com "May I...?"
Pedir permissão para aspirar	**May I vacuum?**	2	Posso aspirar?	
Dizer que volta depois	**I'll come back later.**	2	Volto mais tarde.	Aqui você toma a iniciativa de afirmar que voltará mais tarde. E como seria para perguntar?
Pedir para colocar a placa de 'Não Perturbe'	**Could you please put the "Do not disturb" sign?**	2	Pode, por favor, *colocar* o sinal de "Não Perturbe"?	
Verificar se precisa de mais alguma coisa	*Would you like anything else?*	2	O senhor precisa de algo mais?	Ao encerrar o serviço ou sair do apartamento é sempre recomendável verificar se o hóspede precisa de alguma coisa.
Entregar algo	*Here you are.*	2	*Aqui está(ão).*	
Dizer que voltará logo	**I'll be right back.**	2	Já volto.	
Dizer que voltará em alguns minutos	**I'll be back in** *a few* **minutes.**	2	Volto em alguns minutos.	
Desculpar-se por estar incomodando	**I'm sorry to disturb.**	2	Desculpe-me incomodar.	
Pedir permissão para verificar o frigobar	**May I check the minibar?**	3	Posso verificar o frigobar?	

FUNCTION	ENGLISH	SIT	PORTUGUESE	PROFESSIONAL TIPS
Dizer que precisa fazer a reposição	I need to *refill it.*	3	Preciso fazer a reposição.	
Explicar que vai retirar os itens solicitados	I'm here to remove the items you requested from the minibar.	3	Estou aqui para retirar os itens solicitados do frigobar.	
Informar que o serviço foi feito	It's done.	3	Está feito.	
Perguntar se o hóspede tem lavanderia	Do you have any laundry?	4	O senhor tem lavanderia?	
Perguntar para quando quer a lavanderia	For when?	4	Para quando?	
Informar sobre taxa adicional	There's *100%* additional charge. Is that all right?	4	Há *100%* de taxa adicional. Está bem?	
Informar o horário de entrega da lavanderia	*Tomorrow at midday.*	4	*Amanhã ao meio-dia.*	Utilize as frases que informam sobre os procedimentos e horários de lavanderia de acordo com aqueles praticados no hotel em que você trabalha.
Solicitar preenchimento e assinatura do rol de lavanderia	Please fill in the laundry list and sign it.	4	Por favor, preencha o rol de lavanderia e assine-o.	Oriente o hóspede, caso ele não tenha preenchido o rol e assinado.
Indicar onde deve ser assinado	Could you please sign here?	4	Poderia assinar aqui, por favor?	
Informar que algo não é possível de ser feito	That's not possible.	4	Isso não é possível.	Lembre-se de se desculpar antes de dizer que algo é impossível de ser feito.
Verificar se o prazo possível é satisfatório para o hóspede	Is *one hour* all right?	4	Pode ser em *uma* hora?	
Informar que levará a lavanderia	I'll take your laundry.	4	Eu levarei a lavanderia.	
Informar sobre funcionamento da lavanderia	The laundry is closed on *Sundays and holidays.*	4	A lavanderia fecha aos *Domingos e feriados.*	
Entregar a lavanderia	Here's your laundry.	5	Aqui está a lavanderia.	
Informar que vai checar	I'll check that for you.	5	Vou checar para o senhor.	

FUNCTION	ENGLISH	SIT	PORTUGUESE	PROFESSIONAL TIPS
Entregar um ou alguns itens	*Here is the shirt.*	5	*Aqui está a camisa.*	Ao entregar algo para o hóspede, preste atenção na diferença entre singular e plural e ajuste a frase.
Informar que tomará uma providência	**We will take care of that.**	5	Vamos cuidar disso.	
Encaminhar o hóspede ao departamento competente	**Please call** *the laundry department.*	5	Por favor, ligue para o departamento de lavanderia.	Com quem o hóspede deve falar nesse caso?
Pedir permissão para abrir a cama	*May I turn down the bed?*	6	*Posso fazer a abertura de cama?*	Certamente, você segue uma série de procedimentos para a abertura de cama. Porém, se encontrar o hóspede, não deixe de desejar a ele uma boa noite!
Oferecer toalhas limpas e itens de higiene e frigobar	**Would you like** *fresh towels, bathroom amenities or minibar items?*	1/6	Quer *toalhas limpas, itens de higiene ou frigobar?*	Aqui você pode oferecer um dos itens, dois ou todos. Escolha o que deve ser oferecido e ajuste a frase ao seu procedimento.
Oferecer uma cortesia	**Would you like a complimentary** *cup of tea?*	6	Gostaria de *uma xícara de chá* cortesia?	Caso haja alguma coisa mais a oferecer na abertura de cama, este é o momento. Complete a frase com o que desejar oferecer.

BONUS 2

Ordene os assuntos desse capítulo de acordo com a sua rotina de trabalho. Descarte aqueles que você não executa. Agora imagine que há a possibilidade de encontrar o hóspede durante a execução desses serviços. Então, escreva um ou mais diálogos de acordo com os assuntos que você escolheu obedecendo a ordem que você determinou. Se você não quiser inventar a parte do hóspede, pode copiá-la das situações apresentadas. O mais importante é que exercite a sua parte. Na última coluna, há uma lista das reações possíveis dos hóspedes para cada assunto. Pergunte-se se saberia lidar com todas elas. Para escrever o(s) diálogo(s), lembre-se:

> Há na introdução deste livro algumas frases e situações que também podem ser utilizadas.
> Você deve prestar atenção àquilo que o hóspede diz para que possa atendê-lo adequadamente.

Ordem	Serviço	O hóspede pode:
	Limpar o apartamento	» Permitir » Não querer a limpeza naquele momento » Não querer a limpeza naquele dia
	Fazer a conferência do frigobar	» Permitir » Não permitir » Perguntar sobre um item » Pedir algo específico
	Recolher a lavanderia	» Não ter lavanderia » Pedir lavanderia normal » Pedir lavanderia expressa » Fazer perguntas sobre a lavanderia
	Entregar a lavanderia	» Receber a lavanderia » Reclamar da falta de um ou mais itens » Reclamar do serviço executado
	Fazer a abertura de cama	» Permitir » Não permitir » Aceitar a reposição de algum item » Aceitar a cortesia oferecida

QUIZ 2

DESAFIO

Faça o teste a seguir Se você acertar pelo menos oito das dez questões, siga para o capítulo 3. Se acertar menos que isso, por que não faz uma revisão do capítulo?

EXERCISE I

Listen to the guests' requests and mark the correct answer:

1.
a. I'm sorry, ma'am. Is one hour all right?
b. Yes, ma'am. Should I come back later?
c. Yes, ma'am. What time do you prefer?
d. Yes, ma'am. I'll come back later.
e. I'm sorry, ma'am. That's not possible.

4.
a. Would you like fresh towels and bath products?
b. Would you like me to turn on the air conditioner?
c. We will take care of that.
d. Should I come back later?
e. What time would you prefer, ma'am?

2.
a. Yes, ma'am. Is that all right?
b. Yes, ma'am. There's 50% additional charge. Is that all right?
c. Yes, ma'am. Do you have any laundry?
d. Yes, ma'am. For when?
e. Yes, ma'am. Here is your laundry.

5.
a. Yes. What time would you prefer?
b. Yes, ma'am. You are welcome.
c. Just a moment, ma'am. I have to restock it.
d. May I check the minibar?
e. May I come in?

3.
a. May I finish your room now?
b. Yes, ma'am. May I come in?
c. Yes, ma'am. Would you like a taxi?
d. Yes, ma'am. I'll be right back.
e. Yes, ma'am. I'll come back later.

6.
a. Yes, ma'am. Is one hour all right?
b. Yes, ma'am. There's 50% additional charge. Is that all right?
c. Yes, ma'am. Do you have any laundry?
d. Yes, ma'am. For when?
e. Yes, ma'am. Here is your laundry.

EXERCISE II

Listen to the guest's request and put the number next to the corresponding picture. Two pictures will be left out on purpose:

Seus acertos:

CHAPTER 2 – ANSWERS

SITUATION 1

COMPREHENSION

1.	(V)	May I clean your room now?
2.	(F)	No, not now, please.
3.	(V)	Should I come back later?
4.	(V)	What time would you prefer?
5.	(F)	Please come back in one hour.

EXERCISES

I.   1-10:30   2-12:00   3-9:00   4-11:00

II.   h, c / a ou b, g / b ou a / d, e.

THINK ABOUT

Resposta sugerida:

Chambermaid: Certainly, sir. Excuse me.

O hóspede já disse o horário que prefere que você volte, então você não precisa perguntar "What time would you prefer?" ou "Should I come back later?"

SITUATION 2

COMPREHENSION

1.	(V)	May I vacuum?
2.	(F)	Well, I'd rather not.
3.	(V)	Could you please put the "Do not disturb" sign?
4.	(F)	Can you me bring me an extra pillow?
5.	(V)	Here you are.
6.	(F)	I'll come back later.

EXERCISES

I.   1-c, 2-c, 3-a, 4-b, 5-a

II.   1-a, 2-b, 3-b, 4-a, 5-c

CHAPTER 2 | HOUSEKEEPING SERVICES | 107

THINK ABOUT

Resposta sugerida:

As expressões: "Well…" (Bem…); "I'd prefer…" (Eu preferiria...); "I'd like to…" (Eu gostaria...), "I'd rather…" (Eu preferiria...) são formas educadas de ele(a) dizer que não quer o serviço naquele momento.

SITUATION 3

COMPREHENSION

1.	(V)	Minibar attendant, sir.
2.	(V)	May I come in?
3.	(V)	May I check the minibar?
4.	(F)	I need to refill it.
5.	(F)	Have a nice day. Excuse me.

EXERCISES

I. 1, 8, 4, 2, 6, 5, 7, 3/9, 11, 13, 12, 10

II. Resposta sugerida:

1. *Diferença 1* – Na primeira parte, a arrumadeira toca a campainha e aguarda a pergunta do hóspede. Ela pode ter feito isso porque é a primeira vez que vai àquele apartamento naquele dia para fazer a conferência do consumo de frigobar. Na segunda parte, por ser pouco tempo depois, ela já toca e pede permissão para fazer a conferência, na intenção de ocupar o menor tempo possível do hóspede.

2. *Diferença 2* – Na primeira parte, a arrumadeira pergunta "May I check the minibar?" Na segunda parte, ela diz "May I check the minibar now?" Por estar perguntando pela segunda vez, a arrumadeira adiciona a palavra 'agora' a sua pergunta.

3. *Diferença 3* – Na primeira parte, para despedir-se e retirar-se, a arrumadeira diz apenas "Excuse me" porque sabe que verá o hóspede novamente em breve. Na segunda parte, ela diz "Have a nice day. Excuse me".

THINK ABOUT

Resposta sugerida:

No segundo diálogo, você deve incluir *Have a nice trip*.

SITUATION 4

COMPREHENSION

1.	(F)	Yes, I'd like to have this suit washed.
2.	(F)	There's 100% additional charge.
3.	(V)	Tomorrow at midday, sir.
4.	(V)	Please fill in the laundry list and sign it.
5.	(F)	Would you like anything else?
6.	(F)	No, that's all.

EXERCISES

I.   7, 1, 6, 5, 3, 4, 2.

II.   Resposta pessoal: Geralmente estas informações estão descritas no rol de lavanderia.

THINK ABOUT

Respostas sugeridas:

1.   Deve ter ocorrido em um momento do dia em que a lavanderia normal não ficaria pronta no mesmo dia.

2.   Pediu a lavanderia normal: *Tomorrow is good,* depois de saber o horário de entrega.

3.   Terminaria igual, mas o serviço prestado seria diferente.

SITUATION 5

COMPREHENSION

1.	(V)	Here's your laundry.
2.	(F)	The pants are missing.
3.	(V)	I'm sorry ma'am. I'll check that for you.
4.	(F)	A few minutes later.
5.	(V)	This suit is creased.
6.	(F)	Please call extension 603.

EXERCISES

I.   a-1, b-1, c-2, d-1, e-2, f-2, g-1, h-1, i-2, j-1

II.   1-b, 2-b, 3-c, 4-a, 5-c, 6-b

THINK ABOUT

Resposta livre: Para pensar nas respostas às reclamações, volte a *Variations III e IV*

CHAPTER 2 | HOUSEKEEPING SERVICES | 109

SITUATION 6

COMPREHENSION

1.	(V)	Good evening.
2.	(V)	May I turn down the bed?
3.	(F)	Sure, come in.
4.	(V)	Would you like anything else?
5.	(F)	No, thank you.
6.	(F)	Have a good night.

EXERCISES

I.   Respostas sugeridas:

Dialogue 1: Excuse me... It's ready.
Dialogue 2: Would you like fresh towels or minibar items?... Certainly, I'll be back in a few minutes.
Dialogue 3: Yes, I'll come back later. Excuse me.

II.   1-c, 2-f, 3-d, 4-a ou b, 5-b ou a, 6-g, 7-e

THINK ABOUT

Para pedir permissão: "May I...?"
Para oferecer: "Would you like...?"

VOCABULARY

Room Items I: 5, 14, 13, 7, 6, 1, 18, 9, 8, 16, 4, 3, 10, 17, 11, 12, 15, 2

Minibar Items

bebidas alcoólicas	bebidas não alcoólicas	recipientes
beer	chocolate milk	bottle
vodka	coconut water	cup
gin	energy drink	can
rum	fruit juice	
whisky	ice tea	
cognac	instant coffee	
	soft drinks / sodas	
	sparkling mineral water	
	still mineral water	
	tea	
	tonic water	

salgados	doces	outros
cashew nuts	cereal bar	ice cubes
crackers	chewing gum	
peanuts	chocolate bar	
potato chips	chocolate candies	

Clothes: 2, 10, 11, 8, 12, 3, 4, 7, 9, 1, 5, 6

Basics Numbers II:

I.   730, 269, 870, 404, 612, 387, 513, 900, 109, 2270, 260, 14, 4301, 1008, 9313, 101, 340, 1550

II.   Resposta pessoal

BONUS 2

Respostas pessoais

QUIZ 2

TAPESCRIPT	RESPOSTA	DICA DA PROFESSORA
EXERCISE I		
1. Chambermaid, can you come back in one hour?	d	O hóspede já pediu o tempo que precisa.
2. Attendant, I need this shirt washed for today.	b	O hóspede já informou para quando precisa da lavanderia.
3. Please finish my room later.	e	Voltar mais tarde não pode ser "right back", seria muito rápido.
4. Chambermaid, I don't want the service today. Thank you.	a	Se você não fará o serviço hoje, a única coisa possível é oferecer as tolhas limpas.
5. Have you finished checking the minibar?	c	Se houver reposição, o hóspede precisará esperar mais um momento.
6. Chambermaid, I have some laundry.	d	É necessário, em primeiro lugar, perguntar quando ele deseja que a lavanderia esteja pronta.
EXERCISE II		
1. Chambermaid, can I have one more **blanket**, please?	e	
2. Room attendant, I need a **glass**, please.	c	
3. This **ashtray** is not necessary. Thank you.	b	
4. Is it possible to bring me an extra **pillow**, please?	a	

CHAPTER 3

MAINTENANCE SERVICES

O capítulo 3 é dedicado a apresentar situações referentes ao trabalho do atendente de manutenção. Este profissional é responsável não só pelos reparos necessários em todas as áreas do hotel, ele também trabalha com a manutenção preventiva e na implementação de melhorias. Ele pode ainda ser solicitado a auxiliar o hóspede na instalação de algum equipamento, por exemplo, um computador, em seu apartamento. Em alguns hotéis, este departamento chama-se *maintenance*, em outros, *engineering*.

Veja a seguir o que você vai aprender neste capítulo.

SITUATIONS
Aqui estão as situações do capítulo

PÁGINA

Situation 1: Electrical maintenance problems
Problemas elétricos — 112

Situation 2: Plumbing maintenance problems
Problemas hidráulicos — 117

Situation 3: Repairing something
Fazer um reparo — 122

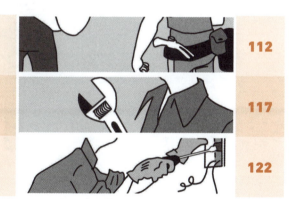

VOCABULARY	PÁGINA
Bathroom	127
Furniture	128

	PÁGINA
GLOSSARY 3	129
BONUS 3	131
QUIZ 3	132
CHAPTER 3 ANSWERS	133

●●● AQUECENDO

Antes de começar a aprender coisas novas, observe a ilustração e pense um pouco sobre as seguintes questões:

Esta situação acontece em minha rotina de trabalho?

Consigo pensar em uma forma adequada de resolver isso em português?

Eu sei me comunicar nesta situação em inglês? O que eu posso ou devo dizer?

 LISTEN AND READ

SITUATION 1   **Electrical maintenance problems**

GUEST:	(in the hallway) Chambermaid. Come here, please.
EMPLOYEE:	Yes, sir. *What can I do for you?*
GUEST:	The light in my room needs changing.
EMPLOYEE:	Yes, sir. What's your room number, please?
GUEST:	2308
EMPLOYEE:	*I'll call maintenance.*
GUEST:	All right.
	…

GUEST:	(maintenance attendant rings the bell) Who is it?	
EMPLOYEE:	*Maintenance attendant*, sir.	
GUEST:	Good morning. (guest opens the door)	
EMPLOYEE:	*Good morning, sir.* May I check the *lights*?	
GUEST:	Yes, come in.	
EMPLOYEE:	Excuse me… Just a moment, sir. *I'll be right back.*	

> **REVIEW**
> *Equipment,* chapter 1.

COMPREHENSION

Observe a situação 1 e responda verdadeiro (V) ou falso (F). No quadro a seguir, escreva a(s) palavra(s) que justifica(m) sua resposta. Observe o exemplo.

	VERDADEIRO OU FALSO?		JUSTIFIQUE
1.	O primeiro diálogo acontece no corredor e o hóspede se dirige à arrumadeira.	(V)	(in the hallway) Chambermaid.
2.	O hóspede diz que a lâmpada precisa ser trocada.	( )	
3.	A arrumadeira pergunta o nome do hóspede.	( )	
4.	A arrumadeira informa o hóspede que vai chamar o atendente de manutenção.	( )	
5.	No segundo diálogo, o atendente de manutenção vem ao apartamento para verificar o cofre.	( )	
6.	O atendente informa ao hóspede que voltará em 30 minutos.	( )	

VARIATIONS

O diálogo da situação 1 poderia ser diferente. Veja algumas das possíveis variações:

I. É natural que o pedido de manutenção chegue ao departamento de governança em primeiro lugar, já que o hóspede tem mais contato com a arrumadeira. No diálogo da situação 1, a arrumadeira recebe a reclamação e informa que vai encaminhá-la ao departamento responsável, no caso, a manutenção. Faz parte do procedimento de alguns hotéis que a arrumadeira acompanhe e apresente o trabalhador do departamento de manutenção ao hóspede para que ele execute o serviço. Nesse caso, a arrumadeira dirá:

This is the maintenance worker.

This is the engineering attendant.

II. Não importa a quem o hóspede chame, uma boa forma de começar o atendimento é oferecendo-lhe ajuda. Veja:

What can I do for you?
May I help you?
How may I help you?
Do you need help?
Do you need any help?

III. Alguns hotéis chamam o departamento que realiza reparos de *engineering* e, portanto, aqueles que lá trabalham são chamados de **engineering attendants** ou **engineering workers**. Se esse for o caso do hotel em que você trabalha, ao identificar-se para o hóspede utilize a nomenclatura usada pelo hotel.

IV. Ao entrar no apartamento do hóspede, você pode pedir permissão para verificar algo ou informar ao hóspede o que veio fazer. Veja:

May I come in and check it?
I've come to check the TV.
I'm here to check the minibar.

V. Depois de verificar o problema, caso precise sair para tomar alguma providência, não se esqueça de avisar ao hóspede. No capítulo 2, você viu algumas formar de fazê-lo, lembra-se?

LISTEN AND REPEAT

Agora que você já sabe como pode variar a situação 1, repita algumas possíveis combinações do que aprendeu:

What can I do for you?
May I help you?
How may I help you?
I'll call maintenance.
May I check the lights?
I've come to check the TV.
I'm here to check the minibar.

EXERCISES

I. **Match**

Observe as ilustrações e ligue-as às frases do hóspede.

a. The air conditioner **is not cooling.**
b. The hair dryer **is broken.**
c. The image in the TV **is bad.**
d. The Internet **is not connecting.**
e. The light bulb has **burned out.**
f. The minibar **is noisy.**
g. The power **is out.**
h. The telephone **is mute.**
i. The volume in the TV **is too loud.**

ATENÇÃO

Consulte o item *Think about* desta situação para mais opções de frases dos hóspedes referentes à manutenção.

II. Order the dialogue

O atendente de manutenção foi avisado pelo departamento de governança que o hóspede precisa dele e está se encaminhando ao apartamento para verificar o problema. Ordene as falas do diálogo conforme sua prática profissional.

( )	(attendant rings the bell) Who is it?
( )	Excuse me, sir.
( )	Good morning, sir. What can I do for you?
( )	(guest opens the door) Good morning.
( )	Engineering worker, sir.
( )	The minibar is not cooling the drinks.
( )	Yes, come in.
( )	Yes, sir. May I come in and check it?

THINK ABOUT

Observe a tabela a seguir. Há inúmeras combinações possíveis. Pense em algumas.

ITEM	PROBLEM	PORTUGUESE
The air conditioner	is broken. is not working. is out of order.	...está quebrado(a).
The minibar	needs fixing. needs repairing.	...precisa de conserto.
The air conditioner	is not cooling.	...não está resfriando.
The hair dryer	is not heating.	...não está esquentando / aquecendo.
The air conditioner	is noisy.	...está barulhento(a).
The light bulb	has burned out.	...queimou.
The light bulb needs	to be replaced. to be changed.	...precisa ser trocado(a).
The volume (in the TV)	is too low.	...está muito baixo.
The volume (in the TV)	is too loud.	...está muito alto.
The telephone	is mute. is dead.	...está mudo.
The image (in the TV)	is bad.	...está ruim.
The Internet	is not connecting.	...não está conectando.
The battery	is weak	...está fraco(a).

CHAPTER 3 | MAINTENANCE SERVICES | 117

••• AQUECENDO

Antes de começar a aprender coisas novas, observe a ilustração e pense um pouco sobre as seguintes questões:

Esta situação acontece em minha rotina de trabalho?

Consigo pensar em uma forma adequada de resolver isso em português?

Eu sei me comunicar nesta situação em inglês? O que eu posso ou devo dizer?

 LISTEN AND READ

SITUATION 2 ## Plumbing maintenance problems

	GUEST:	(attendant rings the bell) Who is it?
	EMPLOYEE:	*Maintenance.*
	GUEST:	Yes?
	EMPLOYEE:	*I'm here to check the faucet. May I come in?*
STUDY *Bathroom,* page 127.	**GUEST:**	Yes, come in.
	EMPLOYEE:	Excuse me. What is the problem, sir?
	GUEST:	It's leaking.
	EMPLOYEE:	Let me check it… *I'll fix it.* Do you need anything else?
	GUEST:	Well, that chair is wobbly.
STUDY *Furniture,* page 128.	**EMPLOYEE:**	Yes, sir. *I'll check that too.*

118 | INGLÊS PARA HOTELARIA | HOSPEDAGEM, HOTÉIS E POUSADAS

COMPREHENSION

Observe a situação 2 e responda verdadeiro (V) ou falso (F). No quadro a seguir, escreva a(s) palavra(s) que justifica(m) sua resposta. Observe o exemplo.

	VERDADEIRO OU FALSO?		JUSTIFIQUE
1.	A manutenção envia um atendente para resolver um problema de um apartamento.	(V)	Maintenance.
2.	O atendente sabe que o problema está no chuveiro.	( )	
3.	O atendente pede permissão para entrar.	( )	
4.	O atendente pergunta ao hóspede qual é o problema.	( )	
5.	O atendente vai verificar a torneira.	( )	
6.	O atendente informa que não vai conseguir consertar.	( )	

VARIATIONS

O diálogo da situação 2 poderia ser diferente. Veja algumas das possíveis variações:

I. Para perguntar sobre o problema, você também pode dizer:
What is happening?
What is going on?

Se já aconteceu, diga:
What happened?

II. Ao pedir para verificar algo, você pode dizer May I check the lights? como na situação 1, Let me check it, como na situação 2, ou:
May I have a look?
Let me have a look.
Can I check it for you?

ATENÇÃO

Você pode substituir o nome do item pela palavra *it*, se o item tiver sido mencionado anteriormente no diálogo. Observe a situação 2. O atendente diz *I'm here to check **the faucet*** e depois *Let me check **it***, e não *Let me check the faucet* para não ficar repetitivo.

Quando for verificar mais que uma coisa, pode dizer:
I'll check that **too.** (também)

III. Você deve informar ao hóspede o que vai fazer, como na situação 2: I'll fix it, que é uma explicação mais geral. Veja outras opções:
I'll **change** it. (trocar)
I'll **replace** the remote control. (trocar)
I'll **connect** it. (conectar)
I'll **reconnect** it. (reconectar)

Você também pode oferecer uma opção, veja alguns exemplos:
Would you like me to turn down the air conditioner temperature?
Would you like me to change this chair?
May I replace the television?

IV. Se o serviço não for da responsabilidade do departamento de manutenção, e você tiver autorização para encaminhar o hóspede à pessoa ou departamento correto, pode pedir que ele ligue para a recepção, para o departamento responsável ou para um número que concentra a ligação dos hóspedes. É só completar a frase: "Please call _____", por exemplo:
Please call front desk.

LISTEN AND REPEAT

Agora que você já sabe como pode variar a situação 2, repita algumas possíveis combinações do que aprendeu:

What is the problem, sir?
May I have a look?
Can I check it for you?
I'll fix it.
I'll change it.
I'll replace the remote control.
I'll connect it.
Would you like me to turn down the air conditioner temperature?

EXERCISES

I. **Match**

Observe as ilustrações e ligue-as às frases do hóspede

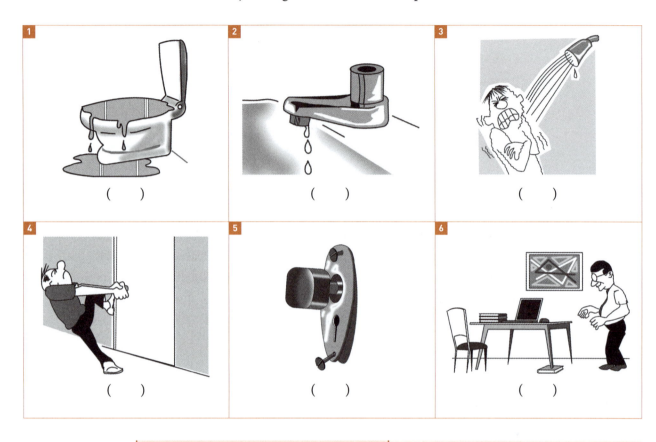

a. The door latch **is loose**.	d. The table **is wobbly**.
b. The door **is stuck**.	e. The tap **is dripping**.
c. The hot water **is not coming out**.	f. The toilet **is clogged**.

> **ATENÇÃO**
>
> Consulte o glossário deste capítulo para mais opções de frases dos hóspedes referentes à manutenção.

II. **Choose the correct answer**

Escolha a resposta certa e coloque o número que a identifica entre os parênteses. Para algumas reclamações, são possíveis várias respostas.

a. I'll fix it.	b. I'll replace it.	c. I'll connect it.	d. Please call _____

1. The remote control **is out of order**.	( )
2. The electric kettle **is not heating**.	( )
3. The hair dryer **is noisy**.	( )
4. The bathtub **is clogged.**	( )
5. The volume in the TV **is too low**.	( )
6. The outlet **is loose**.	( )
7. The telephone **is mute**.	( )
8. The internet **is not connecting**.	( )
9. The toilet flush **is stuck**.	( )
10. The faucet **is leaking**.	( )

THINK ABOUT

Se você trabalha no departamento de manutenção, pense: Quais são as duas reclamações mais usuais que recebe dos hóspedes? Como o hóspede diria isso em inglês? Você compreenderia?

Se você trabalha em outros departamentos e está estudando este capítulo, pense: Chegam a você algumas dessas reclamações? Quais? Como você as encaminha? No hotel em que trabalha, você faz alguns reparos? Poderia então utilizar as expressões aprendidas aqui?

_____

_____

_____

_____

_____

_____

_____

_____

••• AQUECENDO

Antes de começar a aprender coisas novas, observe a ilustração e pense um pouco sobre as seguintes questões:

Esta situação acontece em minha rotina de trabalho?

Consigo pensar em uma forma adequada de resolver isso em português?

Eu sei me comunicar nesta situação em inglês? O que eu posso ou devo dizer?

 LISTEN AND READ

SITUATION 3 ## Repairing something

EMPLOYEE:	*Good morning, Mr. Turner. May I check the television?*
GUEST:	*Yes, come in.*
	…
EMPLOYEE:	*Excuse me, Mr. Turner, I'll fix it.* **I'm going to pick up** *a part. I'll be back in a few minutes.*
	…
EMPLOYEE:	*Excuse me, sir.* **It's working now. Would you like to test it?**
GUEST:	*Yes, please… Yes, it's ok now. Thank you.*
EMPLOYEE:	*You are welcome. Have a nice day.*

COMPREHENSION

Observe a situação 3 e responda verdadeiro (V) ou falso (F). No quadro a seguir, escreva a(s) palavra(s) que justifica(m) sua resposta. Observe o exemplo.

	VERDADEIRO OU FALSO?		JUSTIFIQUE
1.	O hóspede que está sendo atendido é do sexo masculino.	(V)	Mr. Turner.
2.	O atendente de manutenção veio fazer um conserto na televisão.	( )	
3.	O atendente precisará buscar ferramentas.	( )	
4.	O atendente diz que retornará em 20 minutos.	( )	
5.	Depois de consertar a TV, o atendente oferece ao hóspede a oportunidade de testá-la.	( )	
6.	O hóspede verifica que a televisão não está funcionando.	( )	

VARIATIONS

O diálogo da situação 3 poderia ser diferente. Veja algumas das possíveis variações:

I. Revise como usar Mr., Ms. e Mrs. na página 15, caso precise.

II. Quando você informar que irá fazer o conserto, o hóspede pode perguntar quanto tempo isso poderá demorar, assim, por exemplo: **How long will it take?**. Para isso, você pode responder, dizendo um tempo aproximado:
It'll take about 10 minutes.
About 30 minutes.

III. Para informar que vai buscar uma peça de reposição, utilize a frase da situação 3. Se precisar buscar ferramentas, diga:
I'm going to pick up my tools.

IV. Lembre-se que você pode informar que volta logo, daqui a alguns minutos, ou ainda dizer em quantos minutos. Se quiser, revise essas frases no capítulo 2.

V. Você sabia dizer: **It's ready** e agora aprendeu outra forma, que neste caso, pode ser usada:
It's working now.

VI. Para sugerir que o hóspede teste o que foi consertado, você também pode dizer:
Do you want to test the television?

VII. Caso precise de um auxílio na comunicação com o hóspede, você pode utilizar o que aprendeu na unidade introdutória, informando que fala pouco inglês e vai buscar ajuda, lembra-se? Outra possibilidade, se isso for permitido no hotel em que você trabalha, é pedir permissão para usar o telefone do apartamento do hóspede, comunicar-se com alguém que pode ajudá-lo a explicar o que precisa para o hóspede e passar o telefone ao hóspede, assim:
May I use your phone? The receptionist will talk to you, sir.
May I use your phone, ma'am? The supervisor will talk to you.

Um conserto pode, às vezes, ser muito demorado ou impossível de ser realizado enquanto houver um hóspede no apartamento. Nesse caso, é preciso transferi-lo de apartamento e o mais adequado é que a recepção explique isso a ele.

LISTEN AND REPEAT

Agora que você já sabe como pode variar a situação 3, repita algumas possíveis combinações do que aprendeu:

It'll take about 10 minutes.
I'm going to pick up a part.
I'm going to pick up my tools.
It's working now.
Would you like to test it?
May I use your phone? The receptionist will talk to you, sir.

EXERCISES

I. **Mark the correct answer**
Escolha a alternativa correta para completar a conversa de forma adequada. Lembre-se: nas situações a seguir, o hóspede está falando primeiro. Observe o exemplo.

GUEST: Good afternoon.
a. ( ) **Employee:** Good morning, sir.
b. (×) **Employee:** Good afternoon.
c. ( ) **Employee:** Yes, sir. Good afternoon.

1.	GUEST: Attendant, can you come here, please?

a. ( ) **Employee:** Yes, sir. What can I do for you?

b. ( ) **Employee:** Yes, sir. I'll fix it.

c. ( ) **Employee:** Yes, sir. May I check the telephone?

2.	GUEST: Chambermaid, the telephone is mute.

a. ( ) **Employee:** Yes, ma'am. I'll call the bellboy.

b. ( ) **Employee:** Yes, ma'am. I'll call security.

c. ( ) **Employee:** Yes, ma'am. I'll call maintenance.

3.	GUEST: Maintenance, the door is stuck.

a. ( ) **Employee:** Yes, sir. I'll change it.

b. ( ) **Employee:** Yes, sir. Let me check it.

c. ( ) **Employee:** Yes, sir. May I help you?

4.	GUEST: Attendant, could you please change the light bulb?

a. ( ) **Employee:** Yes, sir. I'll change it.

b. ( ) **Employee:** Yes, sir. Let me check it.

c. ( ) **Employee:** Yes, sir. May I help you?

5.	GUEST: The toilet is dripping.

a. ( ) **Employee:** Would you like anything else?

b. ( ) **Employee:** I'll be back in an hour.

c. ( ) **Employee:** Let me have a look.

II. **Complete the dialogue**

Use cada uma das frases a seguir apenas uma vez para completar o diálogo. Você pode escrever ou utilizar as letras correspondentes. Atenção: todas as frases serão utilizadas. Você já fez um exercício como esse na página 33. Se tiver dúvidas, volte a ele.

SENTENCE BANK

a. I'll be back in 5 minutes.	d. Have a nice day. Excuse me.	h. Excuse me, ma'am. It's ready.
b. Maintenance attendant, ma'am.	e. Would you like to test it?	i. Would you like anything else?
c. Excuse me, ma'am... I'm going to pick up a part.	f. May I come in?	j. You are welcome.
	g. Good morning, ma'am.	k. I'm here to check the bathtub.

Guest:	(attendant rings the doorbell) Who is it?
Employee:	_____

Guest:	Good morning. (guest opens the door)
Employee:	_____
	_____
	_____

Guest:	Yes, come in.
Employee:	_____
	_____

Guest:	All right.
Employee:	_____
	_____

Guest:	No, it's not necessary to test it. It's all right. Thank you.
Employee:	_____
	_____

Guest:	No, thank you. Good bye.
Employee:	_____

THINK ABOUT

Relembre o último diálogo que teve com um hóspede sobre a manutenção de algum item no apartamento. Utilize o que você aprendeu neste capítulo e escreva esse diálogo em inglês.

_____
_____
_____
_____
_____
_____
_____
_____

CHAPTER 3 | MAINTENANCE SERVICES | 127

VOCABULARY

BATHROOM

LISTEN AND REPEAT

EXERCISE

Match the pictures to the names

Ligue as figuras aos seus nomes utilizando os números que estão nos quadros.

[ ] bathtub [banheira]	[ ] scale [balança]
[ ] drain [ralo]	[ ] shower [chuveiro]
[ ] drain plug [tampa de ralo]	[ ] sink / basin / lavatory [pia do banheiro]
[ ] flush [descarga]	[ ] tap / faucet [torneira]
[ ] mirror [espelho]	[ ] toilet [vaso sanitário]
[ ] pipe [canos / encanamento]	[ ] towel rack [porta-toalhas]

FURNITURE

LISTEN AND REPEAT

EXERCISE

Match the pictures to the names

Ligue as figuras aos seus nomes utilizando os números que estão nos quadros.

Atenção: Alguns dos itens não têm uma ilustração correspondente.

CHAPTER 3 | MAINTENANCE SERVICES | 129

[   ] (blackout) blinds /shades [persiana (blackout)]

[   ] armchair [poltrona]

[   ] bed [cama]

[   ] bedside table [mesa de cabeceira]

[   ] chair [cadeira]

[   ] closet [armário]

[–] coffee table [mesa de centro / canto]

[   ] cradle /crib [berço]

[   ] curtains [cortinas]

[   ] desk [escrivaninha]

[–] door [porta]

[–] drawer [gaveta]

[   ] dresser [cômoda]

[   ] lamp [abajur]

[–] luggage rack [rack para bagagem]

[   ] mattress [colchão]

[   ] sofa / couch [sofá]

[   ] table [mesa]

[–] TV rack [rack para TV]

[   ] window [janela]

[–] workstation [estação de trabalho]

GLOSSARY 3

FUNCTION	ENGLISH	SIT	PORTUGUESE	PROFESSIONAL TIPS
Apresentar o funcionário da manutenção	**This is the *maintenance attendant*.**	1	Este é o *atendente da manutenção*.	Talvez o hóspede fale sobre um problema de manutenção com a arrumadeira primeiro.
Perguntar como pode ajudar	***What can I do for you?***	1	O que posso fazer pelo senhor.	Há várias alternativas para oferecer ajuda.
Informar que chamará a manutenção	**I'll call maintenance.**	1	Chamarei a manutenção.	
Pedir permissão para verificar algo	**May I check the *lights*?**	1	Posso verificar *as luzes*?	Neste capítulo, há algumas opções para falar a mesma coisa. Procure variar.
Informar o que veio fazer	*I'm here to check the minibar.*	1	*Vim verificar o frigobar.*	
Perguntar sobre o problema	***What is the problem?***	2	*Qual é o problema?*	Se o hóspede explicar o que está acontecendo, você fará o conserto com mais agilidade
Dizer que vai verificar algo	*Let me check it.*	2	*Deixe-me verificá-lo(a).*	
Informar que vai consertar algo	**I'll fix it.**	2	Vou consertá-lo(a).	Informe ao hóspede que providência vai tomar.
Informar que vai trocar algo	**I'll change it.**	2	Vou trocá-lo(a).	

130 | INGLÊS PARA HOTELARIA | HOSPEDAGEM, HOTÉIS E POUSADAS

FUNCTION	ENGLISH	SIT	PORTUGUESE	PROFESSIONAL TIPS
Informar que vai (re)conectar algo	I'll (re)connect it.	2	Vou (re)conectá-lo(a).	
Informar quanto tempo vai demorar para fazer algo	It'll take *about 10 minutes.*	3	Vai demorar *aproximadamente 10 minutos.*	
Informar que vai buscar algo.	I'm going to pick up *a part.*	3	Eu vou buscar *uma peça.*	Avise ao hóspede se precisar sair por alguns instantes.
Informar que está funcionando	It's working now.	3	Agora está funcionando.	
Verificar se gostaria de testar algo	Would you like to test it?	3	O senhor gostaria de testá-lo(a)?	Dê ao hóspede a chance de verificar o serviço executado.
Pedir permissão para usar o telefone	May I use your phone?	3	Posso usar seu telefone?	Talvez você precise de ajuda para explicar algo mais complicado.
Informar que alguém vai falar com ele(a)	The receptionist will talk to you.	3	A recepcionista vai falar com o senhor.	

USUAL COMPLAINTS FOR ELECTRICAL PROBLEMS			
The power is out.		Não há energia elétrica.	
The air conditioner is	**broken.** **out of order.** **not working.**	O ar condicionado está quebrado. O ar condicionado não está funcionando.	
The air conditioner needs	**fixing.** **repairing.**	O ar condicionado precisa	ser consertado. de reparos.
The air conditioner is not	**cooling.** **heating.**	O ar condicionado não está	resfriando. aquecendo.
The air conditioner is noisy.		O ar condicionado está barulhento.	
The light bulb has burned out.		A lâmpada queimou.	
The light bulb needs to be	**changed.** **replaced.**	A lâmpada precisa ser trocada.	
The volume (in the TV) is	**too low.** **too loud.**	O volume (da TV) está muito	baixo. alto.
The telephone is	**mute.** **dead.**	O telefone está mudo.	
The image (in the TV) is bad.		A imagem (da TV) está ruim.	
The Internet is not connecting.		A Internet não está conectando.	

USUAL COMPLAINTS FOR PLUMBING PROBLEMS

The toilet is	**clogged.** **blocked.**	O vaso sanitário está entupido.	
The tap is	**dripping.** **leaking.**	A torneira está	pingando. vazando.
The hot water is not coming out.		A água quente não está saindo.	

OTHER MAINTENANCE PROBLEMS

The door latch is	**loose.** **stuck.**	O trinco da porta está solto.	
The door latch is stuck.		O trinco da porta está	preso. emperrado.
The table is	**wobbly.** **shaky.** **unsteady.**	A mesa está bamba.	

BONUS 3

Estude o glossário e escreva um diálogo para consertos elétricos e um para consertos hidráulicos. Escolha ocorrências que sejam habituais no hotel em que você trabalha.

Se você não trabalha no departamento de manutenção, faça o mesmo, apenas mude o ponto de vista. Pode ser que realize alguns reparos simples e para outros, busque ajuda de um profissional da manutenção.

ELÉTRICOS

_____

_____

_____

_____

_____

_____

HIDRÁULICOS

_____

_____

_____

_____

_____

_____

QUIZ 3

DESAFIO

Faça o teste a seguir Se você acertar pelo menos oito das dez questões, siga para o capítulo 4. Se acertar menos que isso, por que não faz uma revisão do capítulo?

EXERCISE I

You work at the maintenance department. Listen to the guests' requests and mark the correct answer:

1.
   a. Yes, ma'am. Do you need any help?
   b. Yes, ma'am. Let me have a look.
   c. Yes, ma'am. I'll call security.
   d. May I check the lights?
   e. May I use your phone?

2.
   a. Yes, ma'am. Let me check it for you.
   b. Certainly, ma'am. May I help you?
   c. Yes, ma'am. Would you like me to open it?
   d. Should I come back later?
   e. Yes, ma'am. I'll pick up a part.

3. **(In the hallway)**
   a. May I check the room?
   b. Here is your transformer.
   c. Yes, ma'am. May I help you?
   d. Yes, ma'am. What's your room number?
   e. Yes, ma'am. I'm leaving now.

4.
   a. Yes, ma'am. I'll call maintenance.
   b. Yes, ma'am. I'll call security.
   c. Yes. May I come in and check it?
   d. Maintenance, may I come in?
   e. Your equipment is 110v.

5.
   a. Yes, ma'am. May I check the minibar?
   b. Certainly, ma'am. I'm leaving now.
   c. Yes, ma'am. I'll be back in a few minutes.
   d. I'm sorry, ma'am. Excuse me.
   e. Yes, ma'am. What can I do for you?

6.
   a. Yes, ma'am. Would you like me to turn it down?
   b. Yes, ma'am. Would you like anything else?
   c. Yes, ma'am. Would you like me to reconnect it?
   d. Yes, ma'am. Would you like me to replace it?
   e. Yes, ma'am. Would you like me to open the blinds?

EXERCISE II

Listen to the guest's request and put the number next to the corresponding picture. Two pictures will be left out on purpose:

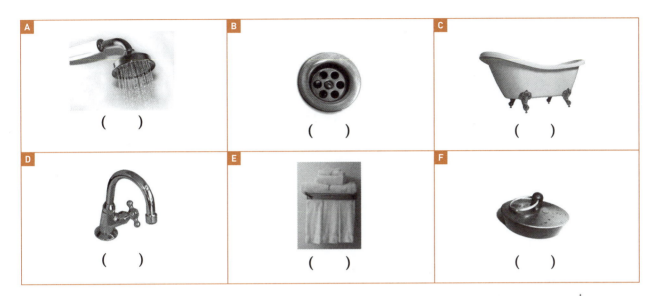

Seus acertos:

CHAPTER 3 – ANSWERS

SITUATION 1

COMPREHENSION

1.	(V)	(in the hallway) Chambermaid.
2.	(V)	The light in my room needs changing.
3.	(F)	What's your room number, please?
4.	(V)	I'll call maintenance.
5.	(F)	May I check the lights?
6.	(F)	I'll be right back.

EXERCISES

I. 1-g, 2-a, 3-e, 4-f, 5-i, 6-h, 7-c, 8-d, 9-b

II. 1, 8, 4, 3, 2, 5, 7, 6

THINK ABOUT

Resposta exemplo: The telephone is noisy.

SITUATION 2

COMPREHENSION

1.	(V)	Maintenance.
2.	(F)	I'm here to check the faucet.
3.	(V)	May I come in?
4.	(V)	What is the problem, sir?
5.	(V)	Let me check it.
6.	(F)	I'll fix it.

EXERCISES

I. 1-f, 2-e, 3-c, 4-b, 5-a, 6-d

II. Respostas pessoais

Para a pergunta 8, por exemplo, podemos ter a resposta a ou c, se quem responde é o atendente de manutenção, e d, se for a arrumadeira.

THINK ABOUT

Resposta livre

Se você é do departamento de manutenção, pode consultar o que aprendeu. Se você é arrumadeira provavelmente chama a manutenção na maioria dos casos mas pode também fazer pequenos reparos ou trocar itens quebrados ou com mal funcionamento.

SITUATION 3

COMPREHENSION

1.	(V)	Mr. Turner.
2.	(V)	May I check the television?
3.	(F)	I'm going to pick up a part.
4.	(F)	I'll be back in a few minutes.
5.	(V)	Would you like to test it?
6.	(F)	Yes, it's ok now.

EXERCISES

I. 1-a, 2-c, 3-b, 4-a, 5-c

II. b / g, k, f / c, a / h, e / j, i / d

CHAPTER 3 | MAINTENANCE SERVICES | 135

ANSWERS

THINK ABOUT

Resposta livre

Sugestão: você pode se basear em uma situação apresentada nesse capítulo e ajustá-la ao caso que quer contar.

VOCABULARY

Bathroom: 2, 11, 4, 5, 6, 9, 3, 7, 10 , 1 , 8, 12

Furniture: 13, 14, 5, 11, 4, 2, –, 3, 8, 9, –, –, 7, 1, –, 6, 15, 12, –, 10, –

BONUS 3

Respostas pessoais

QUIZ 3

TAPESCRIPT	RESPOSTA	DICA DA PROFESSORA
EXERCISE I		
1. The faucet is leaking.	b	Ofereça-se para verificar.
2. Can you please have a look at the air conditioner? It's making funny noises.	a	Você não pode consertar antes de verificar o problema.
3. A light bulb in my room has burned out.	d	O hóspede está no corredor.
4. My TV is not working.	c	Ofereça-se para verificar.
5. Attendant, come here, please.	e	O hóspede apenas chamou, mas não disse para que ele precisa de você.
6. Sir, please, this table is wobbly.	d	Nesse caso, a solução mais simples é trocar o móvel.
EXERCISE II		
1. Attendant, please, can you check the **bathtub**? It's clogged.	c	
2. The **drain plug** is not here.	f	
3. Attendant, the **shower** is cold.	a	
4. The **towel rack** is loose	e	

CHAPTER 4

SECURITY SERVICES

O capítulo 4 refere-se à rotina dos seguranças em um hotel. Os seguranças trabalham principalmente circulando pelas dependências e nos principais acessos do hotel. Eles cuidam da segurança do hotel, dos hóspedes e de seus pertences. São também solicitados a orientar sobre a segurança dos locais turísticos e das cidades.

Veja a seguir o que você vai aprender neste capítulo.

SITUATIONS
Aqui estão as situações do capítulo

	PÁGINA
Situation 1: Solving a problem with the keycard Resolver um problema com a chave-cartão	138
Situation 2: Solving a problem with the safe Resolver um problema com o cofre	142
Situation 3: Giving safety advice to the guest Alertar o hóspede sobre cuidados relativos à sua segurança	146

	PÁGINA
VOCABULARY	
Personal belongings	150

	PÁGINA
GLOSSARY 4	151
BONUS 4	153
QUIZ 4	153
CHAPTER 4 ANSWERS	155

●●● AQUECENDO

Antes de começar a aprender coisas novas, observe a ilustração e pense um pouco sobre as seguintes questões:

Esta situação acontece em minha rotina de trabalho?

Consigo pensar em uma forma adequada de resolver isso em português?

Eu sei me comunicar nesta situação em inglês? O que eu posso ou devo dizer?

LISTEN AND READ

SITUATION 1 ## Solving a problem with the keycard

GUEST: Security, please. I can't open the door.
EMPLOYEE: Excuse me, sir. Let me check it…
Your card is demagnetized, sir. *Please, ask the receptionist to issue you a new one.*
GUEST: Thank you.

COMPREHENSION

Observe a situação 1 e responda verdadeiro (V) ou falso (F). No quadro a seguir, escreva a(s) palavra(s) que justifica(m) sua resposta. Observe o exemplo.

	VERDADEIRO OU FALSO?		JUSTIFIQUE
1.	O hóspede utiliza sua chave-cartão, mas não consegue abrir a porta de seu apartamento.	(V)	I can't open the door.
2.	O segurança está próximo e se oferece para verificar.	( )	
3.	O segurança informa que a chave-cartão está quebrada.	( )	
4.	O segurança encaminha o hóspede ao restaurante.	( )	
5.	Na recepção, o hóspede poderá revalidar sua chave-cartão.	( )	

VARIATIONS

O diálogo da situação 1 poderia ser diferente. Veja algumas das possíveis variações:

I. O hóspede pode dizer que não consegue abrir a porta ou que sua chave não está funcionando, assim: **There is a problem with my keycard.** ou **My keycard does not work!**.

II. É possível que este diálogo aconteça com outro profissional do hotel, como, por exemplo, uma arrumadeira ou um mensageiro. Esses profissionais estão sempre circulando pelo hotel e têm bastante contato com o hóspede. Eles podem ter o mesmo procedimento que teve o segurança na situação 1.
This card is demagnetized, ma'am. Please talk to the receptionist.
Please ask the receptionist to issue a new keycard for you.

III. Todos os profissionais que atenderem um hóspede nessa situação também podem solucionar o problema acompanhando o hóspede até a recepção, dizendo:
Please follow me to the front desk. They will give you another keycard.

IV. Se for parte do procedimento do hotel em que trabalha que você mesmo vá até a recepção trocar o cartão ou revalidá-lo, diga:
Just a moment, please. I'll change it for you.
Just a moment, please. I'll change this keycard for you.

LISTEN AND REPEAT

Agora que você já sabe como pode variar a situação 1, repita algumas possíveis combinações do que aprendeu:

Your card is demagnetized, sir. Please talk to the receptionist.
Please follow me to the front desk. They will give you another keycard.
Just a moment, please. I'll change this keycard for you.

EXERCISES

I. **Order the dialogue**

O segurança está passando em frente à porta de um apartamento. O hóspede insere a chave-cartão algumas vezes sem conseguir abrir a porta. O segurança vê a dificuldade do hóspede e lhe oferece ajuda. Ordene as falas do diálogo.

(6)	All right, thanks.
( )	Good morning, sir. May I help you?
( )	Let me check it, sir. May I have the keycard?
( )	Thank you.
( )	This card is demagnetized, sir. Please follow me to the front desk.
( )	This is our front desk, sir. Please ask the receptionist to issue you a new keycard.
( )	This keycard is not opening my door. There must be something wrong.
( )	Yes, here it is.
( )	You are welcome, sir. Have a nice day.

II. **Match**

Observe as funções e ligue-as às frases do hóspede:

1. Informar que na recepção trocarão o cartão	a. ( ) Here you are.
2. Informar que você mesmo vai trocar o cartão	b. ( ) May I help you?

3. Informar que o cartão está desmagnetizado	c. (	) They will give you another card.
4. Pedir que o hóspede fale com a recepção	d. (	) Would you like anything else?
5. Entregar algo	e. (	) I'll change this keycard for you.
6. Oferecer ajuda	f. (	) This keycard is demagnetized.
7. Verificar se o hóspede precisa de mais alguma coisa	g. (	) Please follow me to the front desk.
8. Pedir que o hóspede o acompanhe até a recepção	h. (	) Please talk to the receptionist.

THINK ABOUT

Você acha importante apresentar-se como segurança do hotel antes de oferecer ajuda ao hóspede? Por quê (não)?

_____

_____

_____

_____

_____

_____

AQUECENDO

Antes de começar a aprender coisas novas, observe a ilustração e pense um pouco sobre as seguintes questões:

Esta situação acontece em minha rotina de trabalho?

Consigo pensar em uma forma adequada de resolver isso em português?

Eu sei me comunicar nesta situação em inglês? O que eu posso ou devo dizer?

 LISTEN AND READ

SITUATION 2 ## Solving a problem with the safe

GUEST:	(the employee rings the doorbell) Who is it?
EMPLOYEE:	*Security, sir.*
GUEST:	Yes?
EMPLOYEE:	I'm here to check *the safe.* May I come in?
GUEST:	All right, come in.
EMPLOYEE:	Excuse me… What's the problem with *the safe*?
GUEST:	I can't remember the password.
EMPLOYEE:	Let me check it, sir.
GUEST:	Yes, please.

CHAPTER 4 | SECURITY SERVICES | 143

COMPREHENSION

Observe a situação 2 e responda verdadeiro (V) ou falso (F). No quadro a seguir, escreva a(s) palavra(s) que justifica(m) sua resposta. Observe o exemplo.

	VERDADEIRO OU FALSO?		JUSTIFIQUE
1.	O segurança vai até o apartamento do hóspede	(V)	Security, sir.
2.	O segurança vai verificar um problema com o cofre.	( )	
3.	O hóspede esqueceu a senha.	( )	
4.	O hóspede não permite que o segurança entre.	( )	
5.	O segurança vai verificar o problema com o cofre.	( )	

VARIATIONS

O diálogo da situação 2 poderia ser diferente. Veja algumas das possíveis variações:

I. Se você for arrumadeira ou mensageiro, você deverá chamar o departamento responsável pela abertura do cofre. Diga, por exemplo:
    Just a moment, sir. I'll call security.

II. Para dizer o que veio fazer, você pode dizer também:
    May I check the safe?

III. Os problemas mais comuns que os hóspedes têm com o cofre são: o hóspede pode esquecer a senha e, depois de tentar digitá-la algumas vezes, o cofre pode travar ou, se for um cofre eletrônico, a bateria pode acabar e o cofre ficar travado. Em ambos os casos, haverá um profissional no hotel (geralmente do departamento de segurança ou de manutenção) que fará a abertura ou arrombamento. Por isso, a resposta para a pergunta **What's the problem with the safe?** é importante. Talvez o hóspede tenha esquecido a senha, como na situação 1, mas também é possível que o cofre não esteja funcionando. Para essas situações, volte ao capítulo 3. Se for um problema de bateria, pode dizer:
    The battery is dead. I'll change it for you.

IV. Se precisar arrombar, pode dizer:
    I'm here to help open the safe.

LISTEN AND REPEAT

Agora que você já sabe como pode variar a situação 2, repita algumas possíveis combinações do que aprendeu:

Just a moment, sir. I'll call security.
May I check the safe?
What's the problem with the safe?
The battery is dead. I'll change it for you.
I'm here to open the safe.

EXERCISES

I. **Match**

Leia a seguir algumas frases do segurança. Ele usa as frases para tentar solucionar um problema. Escreva (1) para frases relacionadas à chave-cartão e (2) para frases relacionadas ao cofre. Para algumas frases, são possíveis ambas as respostas. Observe o exemplo.

( )	I'll change it for you.
( )	Let me open it.
( )	What is the problem?
( )	May I check it?
( )	I'm here to open it.
( )	It's demagnetized.
(2)	The battery is dead.

II. Escolha duas ou três frases do exercício I e escreva um diálogo entre um segurança e um hóspede.

_____
_____
_____

THINK ABOUT

Você já aprendeu algumas frases com a palavra **check**. Primeiro faça uma lista dessas frases e, ao lado, coloque as situações em que você aprendeu a usá-las. Depois, tente refletir em que outras situações profissionais poderia utilizá-las. Se necessário, você pode adaptá-las.

••• AQUECENDO

Antes de começar a aprender coisas novas, observe a ilustração e pense um pouco sobre as seguintes questões:

Esta situação acontece em minha rotina de trabalho?

Consigo pensar em uma forma adequada de resolver isso em português?

Eu sei me comunicar nesta situação em inglês? O que eu posso ou devo dizer?

 LISTEN AND READ

SITUATION 3 — **Giving safety advice to the guest**

DIALOGUE 1 – UNATTENDED BELONGINGS

EMPLOYEE: My name is *John*.
I'm *a security guard* here.
Please don't leave your belongings unattended.

GUEST: Yes, thank you.

EMPLOYEE: Can I take your *laptop* to *our cloakroom*?

GUEST: No, thank you.

> **STUDY**
> Personal belongings, page 150.
>
> **REVIEW**
> Equipment and Luggage, chapter 1

DIALOGUE 2 – SMOKE DETECTOR

GUEST: (security guard rings the bell) Who is it?

EMPLOYEE: Security, sir... Good morning. *The alarm for the smoke detector has gone off. We are here to check it.*

GUEST:	Yes, come in.
EMPLOYEE:	Thank you. Excuse me... **Everything is all right, sir.**
GUEST:	All right.

DIALOGUE 3 – EMERGENCY EXITS

| EMPLOYEE: | *There is an emergency exit at the end of the hall. The emergency exit map is behind the door.* |
| GUEST: | Yes, thank you |

DIALOGUE 4 – A VISITOR

| EMPLOYEE: | Excuse me, sir. **According to hotel procedures, visitors must check in.** |
| GUEST: | Yes. |

DIALOGUE 5 – SAFETY

| GUEST: | Is it safe to walk around at night? |
| EMPLOYEE: | *You should be careful with jewelry, cell phones and cameras.* |

COMPREHENSION

Observe a situação 3 e responda verdadeiro (V) ou falso (F). No quadro a seguir, escreva a(s) palavra(s) que justifica(m) sua resposta. Observe o exemplo.

	VERDADEIRO OU FALSO?		JUSTIFIQUE
1.	No primeiro diálogo, o segurança se apresenta.	(V)	My name is_____. I'm a security guard here.
2.	Em seguida, ele aconselha que o hóspede não se descuide de seus pertences.	( )	
3.	O hóspede aceita colocar seus pertences em uma chapelaria.	( )	
4.	No segundo diálogo, o segurança vai ao apartamento do hóspede verificar um alarme de fumaça que disparou.	( )	
5.	No terceiro diálogo, o segurança indica as portas dos elevadores.	( )	
6.	No quarto diálogo, o segurança informa os procedimentos para o check-in de hóspedes.	( )	
7.	No quinto diálogo, o segurança diz que não é necessário se preocupar com a segurança do local.	( )	

VARIATIONS

O diálogo da situação 3 poderia ser diferente. Veja algumas das possíveis variações:

I. Se você achar conveniente, apresente-se como segurança do hotel antes de sugerir algum procedimento de segurança, como nessa situação.

II. Você pode utilizar a palavra **belongings** como pertences no geral. Se o hóspede tiver apenas um item, pode utilizar o nome daquele item. Veja outras formas de alertar o hóspede sobre seus pertences:
Please watch your laptop.
Please take care of your suitcase.

III. O hotel pode oferecer uma chapelaria, um depósito de bagagens ou até a recepção para que fiquem guardados os pertences por um curto período de tempo.
Can I take your laptop to our storage room?
Can I take your shopping bag to our front desk?

IV. Há alarmes que detectam fogo e/ou fumaça. Veja aquele que se adéqua ao hotel onde trabalha.
The smoke detector has gone off.
The fire alarm has sounded.

V. Se a área precisar ser evacuada, aqui vão algumas recomendações:
You must leave now.
Please use the stairs.
Please do not use the elevator.

VI. Os hotéis têm procedimentos específicos para visitantes que vão até o apartamento do hóspede, seja para uma visita breve ou mais longa. Você deve seguir esses procedimentos. Caso seja necessário que esse visitante faça o check-in, informe ao hóspede:
Excuse me, sir. All visitors must check-in.

Caso ele questione, basta explicar:
Hotel procedures, sir.

VII. Veja outras formas de dar conselhos sobre segurança:
It's totally safe.
It's safe to walk around the hotel.
It's not safe to visit downtown at night.

LISTEN AND REPEAT

Agora que você já sabe como pode variar a situação 3, repita algumas possíveis combinações do que aprendeu:

I'm a security guard here.
Please don't leave your belongings unattended.
Please watch your laptop.
Can I take your shopping bag to our front desk?
The smoke detector has gone off.
Everything is all right, sir.
You must leave now.
Please do not use the elevator, use the stairs.
There is an emergency exit at the end of the hall.
The emergency exit map is behind the door.
According to hotel procedures, visitors must check-in.
You should be careful with jewelry, cell phones and cameras.
It's safe to walk around the hotel.
It's not safe to visit downtown at night.

EXERCISES

I. **Match the columns**

Ligue a função à frase. Observe o exemplo.

FUNÇÃO	FRASE
a. Pedir que evacue o local	( ) The fire alarm has gone off.
b. Informar que o alarme de incêndio disparou	( ) Be careful with jewelry and cameras.
c. Alertar sobre descuido com a bagagem	(a) You must leave now.
d. Oferecer a chapelaria para guardar as compras	( ) All visitors must check-in.
e. Aconselhar cuidado com as joias e câmeras fotográficas	( ) There was a power outage.
f. Informar que todos os visitantes devem fazer o check-in	( ) May I take your shopping bags to our cloakroom?
g. Informar sobre local de mapa para rota de fuga	( ) Please don't leave your luggage unattended.
h. Informar sobre uma falta de energia elétrica	( ) The emergency exit map is behind the door.

II. **Write**

As estruturas em negrito devem se manter e o que está em itálico pode ser mudado. Vamos experimentar? Observe os exemplos e procure escrever algumas frases de sua rotina.

It is safe to *take the airport shuttle bus.*
It is not safe to *walk around at night.*
You should be careful with *your camera.*

_____
_____
_____
_____
_____
_____
_____

THINK ABOUT

Quais são os conselhos de segurança que os hóspedes lhe pedem em relação à localização do hotel, locais de visitação e à cidade? O que você diz? Agora se sente preparado para dizer isso em inglês?

_____
_____
_____
_____
_____
_____

VOCABULARY

PERSONAL BELONGINGS
LISTEN AND REPEAT

1	2	3	4

CHAPTER 4 | SECURITY SERVICES | 151

EXERCISE

Match the pictures to the names

Ligue as figuras aos seus nomes utilizando os números que estão nos quadros.

PERSONAL ITEMS [ITENS PESSOAIS]	JEWELRY [JOIAS]
[ ] cellular phone / cell phone / mobile phone [telefone celular]	[ ] bracelet [pulseira]
[ ] cigar [charuto]	[ ] chain [corrente]
[ ] cigarettes [cigarros]	[ ] earrings [brincos]
[ ] glasses [óculos]	[ ] necklace [colar]
[ ] sunglasses [óculos escuros]	[ ] ring [anel]
[ ] umbrella [guarda-chuva]	
[ ] watch [relógio]	

GLOSSARY 4

FUNCTION	ENGLISH	SIT	PORTUGUESE	PROFESSIONAL TIPS
Informar sobre problema com cartão	*Your card is demagnetized.*	1	*Seu cartão está desmagnetizado.*	
Solicitar que ele peça ajuda à recepção para emissão de outra chave-cartão	*Please ask reception to issue you a new one.*	1	*Por favor, peça à recepção um novo cartão.*	Lembre-se sempre de adaptar as frases aos procedimentos utilizados no hotel em que trabalha.
Levar o hóspede à recepção	*Please follow me to the front desk.*	1	*Por favor, siga-me até a recepção.*	

FUNCTION	ENGLISH	SIT	PORTUGUESE	PROFESSIONAL TIPS
Informar que a recepção emitirá outro cartão	They will give you another keycard.	1	Eles lhe darão outro cartão.	
Informar que vai trocar a chave-cartão	I'll change this keycard for you.	1	Vou trocar a chave--cartão para o senhor.	
Informar ou oferecer-se para verificar o cofre	I'm here to check the safe.	2	Estou aqui para verificar o cofre.	
Explicar o possível problema	The battery is dead.	2	A bateria acabou.	
Informar que veio abrir o cofre	I'm here to open the safe.	2	Estou aqui para abrir o cofre.	
Alertar para que o hóspede cuide de seus pertences	Please don't leave your belongings unattended.	3	Por favor, não descuide de seus pertences.	
Oferecer-se para guardar os pertences do hóspede	Can I take your belongings to our cloakroom?	3	Posso levar seus pertences à chapelaria?	
Informar sobre disparo de alarme	The alarm for the smoke detector has gone off.	3	O alarme de incêndio disparou.	Alarmes funcionam de forma diferente. Informe--se sobre o alarme que está disponível no hotel em que você trabalha.
Informar que está tudo em ordem	Everything is all right.	3	Está tudo bem.	
Pedir que evacue o local	You must leave now.	3	Houve uma queda de energia.	
Recomendar rota de fuga	Please use the stairs.	3	Por favor, utilize as escadas.	
Indicar a saída de emergência	There is an emergency exit at the end of the hall.	3	Há uma saída de emergência no final do corredor.	Lembre-se de ajustar a frase conforme a localização da saída em seu local de trabalho.
Indicar mapa de rota de fuga	The emergency exit map is behind the door.	3	O mapa para a rota de fuga está atrás da porta.	
Explicar procedimentos para visitantes	According to hotel procedures, visitors must check-in.	3	De acordo com os procedimentos do hotel, os visitantes precisam fazer o check-in.	
Dar recomendações sobre segurança	You should be careful with jewelry.	3	O senhor deve tomar cuidado com joias.	Seja cuidadoso e responsável ao dar informações sobre segurança.

CHAPTER 4 | SECURITY SERVICES | 153

BONUS 4

Estude o glossário e escolha três rotinas que você realiza com frequência no hotel em que trabalha. Escreva a seguir os diálogos correspondentes a essas rotinas. Caso tenha dificuldades em pensar na parte do hóspede, você pode olhar nos diálogos deste capítulo.

Se você não trabalha no departamento de segurança, faça o mesmo, apenas mude o ponto de vista. Como você, em sua função, ajuda os hóspedes nas questões de segurança?

ROTINA 1 _____
_____
_____

ROTINA 2 _____
_____
_____

ROTINA 3 _____
_____
_____

QUIZ 4

DESAFIO

Faça o teste a seguir Se você acertar pelo menos oito das dez questões, siga para o capítulo 5. Se acertar menos que isso, por que não faz uma revisão do capítulo?

EXERCISE I

You work at the security department. Listen to the guests' requests and mark the correct answer:

1.	4.
a. Please follow me to apartment 302.	a. I'll call housekeeping, ma'am.
b. I'll call security right away.	b. The emergency exit is at the end of the hall.
c. Your card is demagnetized, ma'am. I'm sorry.	c. I'm here to check the safe, ma'am.
d. Please follow me to the restaurant.	d. The battery is dead.
e. Please follow me to the front desk. They will issue you a new keycard.	e. I'm sorry, please follow me.

2.
a. Let me check the safe, ma'am.
b. Can I check your keycard, ma'am?
c. I'll check the fire alarm, ma'am.
d. May I check the door, ma'am?
e. How may I help you, ma'am?

5.
a. It's not safe to walk downtown at night.
b. It's safe to walk downtown at night.
c. Let me check it, ma'am.
d. All visitors must check-in.
e. It's totally safe, ma'am.

3.
a. Let me check it, ma'am…
b. Just a moment, ma'am. I'll call security.
c. No, ma'am. Please don't leave your belongings unattended.
d. Please ask the receptionist.
e. I'm here to open the safe.

EXERCISE II

Listen to the guest's request and put the number next to the corresponding picture. One picture will be left out on purpose:

Seus acertos:

CHAPTER 4 – ANSWERS

SITUATION 1

COMPREHENSION

1.	(V)	I can't open the door.
2.	(V)	Let me check it.
3.	(F)	Your card is demagnetized.
4.	(F)	Please ask the receptionist to issue you a new one.
5.	(V)	Please ask the receptionist to issue you a new one.

EXERCISES

I. 6, 1, 3, 8, 5, 7, 2, 4, 9

II. 1-c, 2-e, 3-f, 4-h, 5-a, 6-b, 7-d, 8-g

THINK ABOUT

Resposta sugerida:
Traz confiança ao hóspede.

SITUATION 2

COMPREHENSION

1.	(V)	Security, sir.
2.	(V)	I'm here to check the safe.
3.	(V)	I can't remember the password.
4.	(F)	All right, come in.
5.	(V)	Let me check it.

EXERCISES

I. 1, 2, 1/2, 1/2, 2, 1, 2

II. Respostas livres (diálogos baseados nas situações 1 e 2 do capítulo)

THINK ABOUT

Respostas livres. Algumas das frases aprendidas são:

May I check the minibar?

I'll check that for you.

I've come to check the lights.

Let me check it.

I'm here to check the safe.

SITUATION 3

COMPREHENSION

1.	(V)	My name is Bruno. I'm a security guard here.
2.	(V)	Please don't leave your belongings unattended.
3.	(F)	Can I take your belongings to our cloakroom? No, thank you.
4.	(V)	The alarm for the smoke detector has gone off.
5.	(F)	Emergency exits
6.	(F)	Visitors must check-in.
7.	(F)	You should be careful with jewelry, cell phones and cameras.

EXERCISES

I.   b, e, a, f, h, d, c, g

II.   Observe que para frases como *It's safe to* e *It's not safe to*, você deve usar um verbo, ou seja uma ação, em seguida, por exemplo: *It's safe to visit Pão de Açúcar during the day.* Frases como *You should be careful with*, você vai completar com objetos, como por exemplo: *Be careful with money.*

THINK ABOUT

Respostas pessoais
Observe as sugestões do exercício anterior.

VOCABULARY

Personal belongings: 5, 8, 11, 3, 6, 9, 12, 1, 4, 7, 10, 2

BONUS 4

Respostas pessoais

CHAPTER 4 | SECURITY SERVICES | 157

QUIZ 4

TAPESCRIPT	RESPOSTA	DICA DA PROFESSORA
EXERCISE I		
1. Security guard, this keycard is not opening my door.	e	Ele precisa de uma nova chave.
2. Security guard, I forgot my safe password and now I cannot open my safe.	a	É recomendável verificar e, em seguida, explicar o que houve.
3. Is it allright to leave my laptop here for a minute?	c	É recomendável cuidar de seus pertences.
4. Where's the emergency exit?	b	Informe de acordo com o seu hotel.
5. Is it safe to take a taxi here?	e	O hóspede perguntou especificamente sobre a segurança dos táxis.
EXERCISE II		
1. Security guard, have you seen my **laptop**?	a	
2. There seems to be a problem with this **keycard**.	e	
3. Your **sunglasses** are not here.	c	
4. The **safe** is locked up, ma'am.	d	
5. Please watch your **cell phone**.	f	

CHAPTER 5: PROBLEM SOLVING

O capítulo 5 mostra pequenos problemas que comumente ocorrem na rotina de um hotel e sugere algumas formas para resolvê-los. Algumas situações são específicas para um setor, porém as respostas podem ser aproveitadas por todos os setores dependendo da situação que enfrentam.

Veja a seguir o que você vai aprender neste capítulo

SITUATIONS
Aqui estão as situações do capítulo

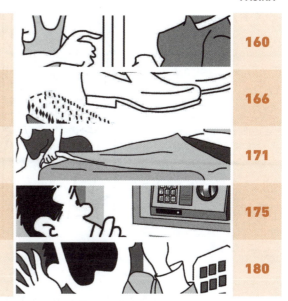

	PÁGINA
Situation 1: The guest is requesting an item O hóspede solicita algo	160
Situation 2: The guest is requesting a service O hóspede solicita um serviço	166
Situation 3: Lost and found Achados e perdidos	171
Situation 4: Giving instructions to operate equipment Ensinar a operar equipamentos	175
Situation 5: The guest needs help O hóspede precisa de ajuda	180

	PÁGINA
VOCABULARY	
Bathroom amenities	184
Toiletry and medicine	185
BASICS	
Alphabet	186

	PÁGINA
GLOSSARY 5	186
BONUS 5	188
QUIZ 5	189
CHAPTER 5 ANSWERS	191

160 | INGLÊS PARA HOTELARIA | HOSPEDAGEM, HOTÉIS E POUSADAS

••• AQUECENDO

Antes de começar a aprender coisas novas, observe a ilustração e pense um pouco sobre as seguintes questões:

Esta situação acontece em minha rotina de trabalho?

Consigo pensar em uma forma adequada de resolver isso em português?

Eu sei me comunicar nesta situação em inglês? O que eu posso ou devo dizer?

 LISTEN AND READ

SITUATION 1 — **The guest is requesting an item**

DIALOGUE 1 – YOUR DEPARTMENT HAS THE ITEM THAT HAS BEEN REQUESTED

(Seu departamento tem o item solicitado)

GUEST: Chambermaid, could you bring me *some more shampoo*?
EMPLOYEE: Yes, sir. I'll bring it right away.
GUEST: Thank you.

STUDY
Bathroom amenities, page 184.

CHAPTER 5 | PROBLEM SOLVING | 161

DIALOGUE 2 – YOUR DEPARTMENT DOES NOT HAVE THE ITEM THAT
HAS BEEN REQUESTED

(Seu departamento não tem o item solicitado)

STUDY
Toiletry and medicine,
page 185.

GUEST: I need a thermometer.

EMPLOYEE: I'm sorry, sir. We don't have it. Please call *the receptionist.*

DIALOGUE 3 – YOUR DEPARTMENT CAN PROBABLY PROVIDE THE ITEM
THAT HAS BEEN REQUESTED

(Seu departamento talvez possa providenciar o item solicitado)

REVIEW
Equipment, chapter 1

GUEST: Chambermaid, please. Is there *an iron* I could use?

EMPLOYEE: Just a moment, ma'am. I'll see what I can do.

DIALOGUE 4 – A DIFFERENT DEPARTMENT WILL PROVIDE THE ITEM
THAT HAS BEEN REQUESTED

(Outro departamento providenciará o item solicitado)

GUEST: Chambermaid, I need a transformer.

EMPLOYEE: Certainly, sir. *Maintenance will take care of that for you.*

DIALOGUE 5 – YOU ARE DELIVERING A COMPLIMENTARY ITEM

(Você está entregando uma cortesia ao hóspede)

EMPLOYEE: Excuse me, ma'am. *This is a compliment from the hotel.*

GUEST: This is nice! Thank you.

COMPREHENSION

Observe a situação 1 e responda verdadeiro (V) ou falso (F). No quadro a seguir, escreva a(s) palavra(s) que justifica(m) sua resposta. Observe o exemplo.

	VERDADEIRO OU FALSO?		JUSTIFIQUE
1.	No primeiro diálogo, o departamento tem o item pedido.	(V)	Yes, sir. I'll bring it right away.
2.	No segundo diálogo, o departamento também tem o item pedido.	( )	
3.	No terceiro diálogo, o departamento informa que não tem o item pedido.	( )	
4.	No terceiro diálogo, o departamento consegue providenciar o item pedido.	( )	
5.	No quarto diálogo, o hóspede pede itens de higiene pessoal.	( )	
6.	No quinto diálogo, o item é cobrado.	( )	

VARIATIONS

Os diálogos da situação 1 poderiam ser diferentes. Veja algumas das possíveis variações:

I. Se o hóspede pede um item e você responde que vai trazê-lo, você utiliza o singular **IT**. Se o hóspede pedir dois ou mais itens, a resposta deverá ser:
I'll bring them right away.

II. Outra forma de dizer que vai providenciar algo é:
I'll see to it.

III. Quando vier trazer o que foi pedido, você pode utilizar o nome do objeto ou uma expressão mais genérica, como aprendemos no capítulo 2:
Here is your conditioner.
Here are your cotton swabs.
Here it is. (para singular)
Here they are. (para plural)
Here you are. (para ambos)
Here is the iron you requested.

> **REVIEW**
> *Room items I, Minibar and Furniture, chapters 2 and 3.*

IV. Se o seu departamento não puder providenciar o item pedido, depois de informar o hóspede, você deve encaminhá-lo ao departamento que pode ajudá-lo. Em geral, a recepção, o concierge ou o departamento que concentra as ligações do hóspede tem essa possibilidade.
Please call the concierge.

V. Para alguns pedidos, há a possibilidade de se verificar o que pode ser feito. Nesse caso, informe o hóspede como no diálogo 3, ou utilize:
I'll check it for you.

VI. Se não conseguir o item pedido, informe o hóspede e encaminhe-o para uma solução como no item anterior:
I'm sorry. We don't have it. (para singular)
I'm sorry. We don't have them. (para plural)

VII. Em hotéis que oferecem estada de longa duração ou flats, os hóspedes costumam ter uma cozinha equipada. Caso precisem de mais algum item, poderão pedir à governança ou à recepção. Veja uma frase completa:
For kitchenware, please call reception.

VIII. Você também pode avisar o departamento responsável sobre a necessidade do hóspede e informar o hóspede de que outro departamento tomará as providências.
Maintenance will take care of that for you.
Security will take care of that for you.
Housekeeping will take care of that for you.

IX. Para cortesias, use:
This is complimentary.
The bathrobe is complimentary.

 LISTEN AND REPEAT

Agora que você já sabe como pode variar a situação 1, repita algumas possíveis combinações do que aprendeu:

I'll bring it right away.
I'll bring them right away.
I'll see to it.
We don't have it. Please call the receptionist.
I'll see what I can do.
I'm sorry. We don't have them.
For kitchenware, please call reception.
Housekeeping will take care of that for you.
This is complimentary.

EXERCISES

I. **Mark the correct answer**
Escolha a alternativa correta para completar a conversa de forma adequada. Lembre-se: nas situações a seguir, o hóspede está falando primeiro.

1. **GUEST:** Please bring me a towel.

a. ( ) **Employee:** Good morning, sir. Here is your blanket.
b. ( ) **Employee:** Yes, sir. I'll bring it right away.
c. ( ) **Employee:** Yes, sir. May I help you?

2.	**GUEST:** Could you bring me 2 extra blankets?

a.   (   ) **Employee:** Chambermaid, sir. Here you are.

b.   (   ) **Employee:** Yes, sir. This way, please.

c.   (   ) **Employee:** Certainly, sir. I'll bring them right away.

3.	**GUEST:** Is it possible to bring me a hot water bag?

a.   (   ) **Employee:** Certainly, sir. I'll bring them right away.

b.   (   ) **Employee:** Just a moment, sir. I'll see what I can do.

c.   (   ) **Employee:** Please call security.

4.	**GUEST:** Attendant, I need a new battery for my laptop.

a.   (   ) **Employee:** I'm sorry, sir. We don't have it. Please call reception.

b.   (   ) **Employee:** I'm sorry, sir. We don't have it. Please call laundry service.

c.   (   ) **Employee:** I'm sorry, sir. We don't have it. Please call room service.

5.	**GUEST:** Can I have a crib put in my room?

a.   (   ) **Employee:** Yes, sir. The security guard will take care of that for you.

b.   (   ) **Employee:** Yes, sir. Maintenance will take care of that for you.

c.   (   ) **Employee:** Yes, sir. We don't have it.

II.   **Categorize and research**

Observe a lista de itens e coloque cada item junto do departamento que seria responsável por providenciá-lo no hotel em que você trabalha: **newspaper, extra bed, water, transformer, extra blanket, battery, toilet paper**. Preencha a seguir:

1.   Housekeeping:

   _____

2.   Maintenance:

   _____

3.   Reception:

   _____

4. Security:
_____

Depois visite os diferentes departamentos e pesquise quais são os itens mais pedidos. Escreva-os na mesma lista.

THINK ABOUT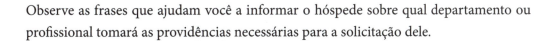

Observe as frases que ajudam você a informar o hóspede sobre qual departamento ou profissional tomará as providências necessárias para a solicitação dele.

- "**Housekeeping** will take care of that for you".
- "**Reception** will take care of that for you".
- "**The bellboy** will take care of that for you".
- "**Security** will take care of that for you".
- "**The manager** will take care of that for you".

Imagine agora que o que foi solicitado é de responsabilidade sua ou de seu departamento. O que você pode dizer?
_____
_____
_____
_____
_____

AQUECENDO

Antes de começar a aprender coisas novas, observe a ilustração e pense um pouco sobre as seguintes questões:

Esta situação acontece em minha rotina de trabalho?

Consigo pensar em uma forma adequada de resolver isso em português?

Eu sei me comunicar nesta situação em inglês? O que eu posso ou devo dizer?

 LISTEN AND READ

SITUATION 2 — **The guest is requesting a service**

DIALOGUE 1 – SHOE POLISH

GUEST: Can I have my shoes polished?
EMPLOYEE: Yes, sir. *I'll ask the concierge to contact you.*
GUEST: Thank you.

DIALOGUE 2 – LUGGAGE STORAGE

GUEST: Good morning. I'd like to leave some luggage in the storeroom, please.
EMPLOYEE: Certainly, sir. What's your *last name*?
GUEST: Schwartz.
EMPLOYEE: How do you spell *it*?
GUEST: S-c-h-w-a-r-t-z.
EMPLOYEE: What's your room number, please?
GUEST: 515
EMPLOYEE: Certainly, sir.

> **STUDY**
> *Alphabet*, page 186.

CHAPTER 5 | PROBLEM SOLVING | 167

DIALOGUE 3 – SOMETHING CHANGED

STUDY
Exercise I, page 168.

GUEST: Can you please change my pillow cases? They're wet.

EMPLOYEE: Certainly, sir. I'll change them right away.

GUEST: Thank you.

DIALOGUE 4 – SOMETHING CLEANED

GUEST: This floor is wet.

EMPLOYEE: I'm sorry, sir. I'll clean it right away. Excuse me.

GUEST: Thank you.

COMPREHENSION

Observe a situação 2 e responda verdadeiro (V) ou falso (F). No quadro a seguir, escreva a(s) palavra(s) que justifica(m) sua resposta. Observe o exemplo.

	VERDADEIRO OU FALSO?			JUSTIFIQUE
1.	No primeiro diálogo, o hóspede pede lavanderia.	(	F)	Can I have my shoes polished?
2.	No segundo diálogo, o hóspede do apartamento 315 vai utilizar o guarda-volumes	(	)	
3.	No segundo diálogo, o profissional pede ao hóspede que escreva seu nome.	(	)	
4.	No terceiro diálogo, o hóspede reclama dos travesseiros.	(	)	
5.	No quarto diálogo, o hóspede diz que o chão está molhado.	(	)	

VARIATIONS

Os diálogos da situação 2 poderiam ser diferentes. Veja algumas das possíveis variações:

I. O serviço de engraxar sapatos é feito por diferentes departamentos dependendo do hotel. Verifique os procedimentos do hotel em que trabalha para se preparar para responder ao hóspede adequadamente. Na frase apresentada no diálogo 1, o profissional com quem o hóspede fala tomará a iniciativa de chamar a pessoa responsável pelo serviço.

I'll ask the concierge to contact you.

I'll ask the receptionist to contact you.

I'll ask the bellboy to contact you.

II. Na hora de obter as informações do hóspede para o armazenamento da bagagem, você pode fazer duas perguntas juntas, assim:
Your name and room number, sir?

III. Para pedir que o hóspede soletre seu sobrenome também é possível dizer, por exemplo:
Can you spell your last name, please?

IV. Preste atenção ao que o hóspede diz nos diálogos 3 e 4 para pensar como vai resolver o problema. Você deve limpar, trocar, chamar alguém? Lembre-se de adequar também o singular ou plural em sua resposta.

V. É importante perceber que os diálogos 3 e 4 são reclamações do hóspede. Se for uma falha de qualidade do serviço prestado, recomenda-se desculpar-se.

LISTEN AND REPEAT

Agora que você já sabe como pode variar a situação 2, repita algumas possíveis combinações do que aprendeu:

I'll ask the bellboy to contact you.
What's your last name?
Can you spell your last name, please?
I'll change them right away.
I'll change it right away.
I'll clean it right away.

EXERCISES

I. **Match**
Observe as ilustrações e ligue-as às frases do hóspede.

CHAPTER 5 | PROBLEM SOLVING | 169

[ ] The bathtub is dirty.	[ ] The floor is wet.
[ ] The bed headboard is dusty.	[ ] This pillow case is damp.
[ ] The door is stuck.	[ ] This telephone is broken.

II. **Order the dialogue.**

Ordene as falas do diálogo. Um item foi ordenado para você.

( )	Yes, sir. It's done.
(5)	What's your room number, sir?
( )	You are welcome. Have a nice trip, sir.
( )	Thank you.
( )	Grensen. G - R - E - N - S - E - N.
( )	Good morning. I'd like to leave the black suitcase in the storeroom, please.
( )	Good morning, sir. How may I help you?
( )	Certainly, sir. How do you spell your last name, please?
( )	209

THINK ABOUT

I. O que se diz no hotel em que você trabalha quando o hóspede solicita que seus sapatos sejam engraxados? Monte a frase.

_____

II. Volte ao exercício I e pense quais seriam as respostas adequadas para as reclamações apresentadas. Se preferir, escreva-as.

_____

_____

_____

III. Há guarda-volumes no hotel em que você trabalha? Quais são os procedimentos para se deixar a bagagem lá? Utilize o que aprendeu nessa situação e pense em como faria esse serviço em inglês.

_____

_____

_____

CHAPTER 5 | PROBLEM SOLVING | 171

••• AQUECENDO

Antes de começar a aprender coisas novas, observe a ilustração e pense um pouco sobre as seguintes questões:

Esta situação acontece em minha rotina de trabalho?

Consigo pensar em uma forma adequada de resolver isso em português?

Eu sei me comunicar nesta situação em inglês? O que eu posso ou devo dizer?

 LISTEN AND READ

SITUATION 3 ## Lost and found

DIALOGUE 1 - THE GUEST HAS LOST SOMETHING INSIDE HIS APARTMENT

> **REVIEW**
> *Personal belongings, chapter 4.*

EMPLOYEE: Excuse me, sir. *Do you need any help?*
GUEST: Yes, I lost my watch.
EMPLOYEE: Let me help you look, sir… *Here it is, under the table.*
GUEST: Thank you very much.
EMPLOYEE: *You're welcome, sir.*

> **REVIEW**
> *Prepositions, chapter 1.*

DIALOGUE 2 - THE GUEST HAS LOST SOMETHING SOMEWHERE IN THE HOTEL

GUEST: I was in the lobby yesterday and I left my cell phone there.
EMPLOYEE: What color is it, sir?
GUEST: Black.
EMPLOYEE: What brand, sir?

GUEST:	Motorola.
EMPLOYEE:	Just a moment, sir. I'll check it for you… *Yes, sir. It's here.* Here you are.
GUEST:	Yes, that's it. Thank you.
EMPLOYEE:	*You are welcome.*

COMPREHENSION

Observe a situação 3 e responda verdadeiro (V) ou falso (F). No quadro a seguir, escreva a(s) palavra(s) que justifica(m) sua resposta. Observe o exemplo.

	VERDADEIRO OU FALSO?		JUSTIFIQUE
1.	No diálogo 1, a arrumadeira oferece ajuda à hóspede.	(V)	Do you need any help?
2.	No diálogo 1, o hóspede perdeu uma corrente.	( )	
3.	No diálogo 1, o profissional ajuda o hóspede a encontrar o item perdido.	( )	
4.	No diálogo 2, o hóspede diz que esqueceu algo no restaurante na noite anterior.	( )	
5.	No diálogo 2, depois de fazer algumas perguntas sobre o item perdido, o profissional encontra o que o hóspede perdeu.	( )	

VARIATIONS

Os diálogos da situação 3 poderiam ser diferentes. Veja algumas das possíveis variações:

I. Se o hóspede perder sua chave, a frase **Please follow me to the front desk**, aprendida no capítulo 4, pode ser utilizada aqui também.

II. No caso de achados e perdidos, os hotéis podem ter um departamento responsável. Os casos variam: o hóspede pode sentir falta de um item durante sua estada, podendo ter sido perdido dentro ou fora de seu apartamento, ou o hóspede pode esquecer um item no hotel e dar-se conta disso depois de seu check-out. Enquanto o hóspede ainda está hospedado, o profissional pode encaminhá-lo à área responsável:
Please call front desk.
Please call housekeeping.

Se o profissional for da área responsável, ele pode agir como nos diálogos 2 e 3, fazendo perguntas para certificar-se das características do item perdido.

Caso o item não seja encontrado, pode-se dizer:
I'm sorry, sir. It's not here. Please call housekeeping.

Caso a palavra referente ao item perdido seja plural, por exemplo **sunglasses**, você deve dizer:
Here they are.
They are here.
They are not here.

LISTEN AND REPEAT

Agora que você já sabe como pode variar a situação 3, repita algumas possíveis combinações do que aprendeu:

Let me help you look.
Here it is, under the table.
Here they are, under the bed.
What color is it, sir?
What brand, sir?
I'm sorry, sir. It's not here. Please call housekeeping.

EXERCISES

I. **Order the dialogue**
Ordene as falas do diálogo. Um dos itens foi ordenado para você.

( )	You are welcome, ma'am. May I help you with anything else?
( )	Yes, ma'am. I'll clean it right away.
(2)	Yes, I lost my earrings.
( )	Thank you.
( )	Thank you, attendant.
( )	Oh yes, the toilet floor is a little wet.
( )	Let me help you look, ma'am… Here they are, on the table.
( )	Excuse me, ma'am. Do you need any help?

II. **Complete the dialogue**

Use cada uma das frases a seguir apenas uma vez para completar o diálogo. Você pode escrever ou utilizar as letras correspondentes. Atenção: algumas frases não serão utilizadas. Você já fez um exercício como esse na página 33. Se tiver dúvidas, volte a ele.

SENTENCE BANK	
a. I'll check it for you...	f. What color is it, sir?
b. I'm sorry, sir.	g. Just a moment, sir.
c. Please call the receptionist.	h. It's not here.
d. What brand, sir?	i. What's your name, please?
e. It's here.	

Guest: Good morning. I was at the restaurant yesterday and I left my sweater there.

Employee: _____

Guest: It's brown.

Employee: _____

_____

...

_____

_____

Guest: All right, thank you. I'll call the receptionist.

THINK ABOUT

Quais são os itens que os hóspedes com frequência perdem ou esquecem no hotel? Você sabe falar esses itens em inglês?

_____
_____
_____
_____
_____
_____

●●● AQUECENDO

Antes de começar a aprender coisas novas, observe a ilustração e pense um pouco sobre as seguintes questões:

Esta situação acontece em minha rotina de trabalho?

Consigo pensar em uma forma adequada de resolver isso em português?

Eu sei me comunicar nesta situação em inglês? O que eu posso ou devo dizer?

 LISTEN AND READ

SITUATION 4 ## Giving instructions to operate equipment

DIALOGUE 1 – SAFE

EMPLOYEE: Would you like me to show you how to use the safe?
GUEST: Yes, please.
EMPLOYEE: *Enter four numbers.*
Press lock.
To open press your code.

176 | INGLÊS PARA HOTELARIA | HOSPEDAGEM, HOTÉIS E POUSADAS

DIALOGUE 2 – HOT WATER TAP

GUEST: How do I turn on the **hot water**?

EMPLOYEE: Turn the *tap* to the *left* for *hot water*.

DIALOGUE 3 – AIR CONDITIONER

GUEST: How does the **air conditioner** work?

EMPLOYEE: Turn on and off here.

Control *the temperature* here.

Control *the ventilation speed* here.

DIALOGUE 4 – TELEVISION

GUEST: How do I control the **TV**?

EMPLOYEE: Turn *the volume* up and down here.

Change *the TV channels* here.

The channel menu is here.

COMPREHENSION

Observe a situação 4 e responda verdadeiro (V) ou falso (F). No quadro a seguir, escreva a(s) palavra(s) que justifica(m) sua resposta. Observe o exemplo.

	VERDADEIRO OU FALSO?		JUSTIFIQUE
1.	O hóspede do primeiro diálogo conhece o funcionamento do cofre eletrônico.	(F)	E - Would you like me to show you how to use it? G - Yes, please.
2.	A senha do cofre é composta de 4 dígitos.	( )	
3.	No segundo diálogo, a torneira é uma só.	( )	
4.	No terceiro diáogo, o hóspede precisa de ajuda com a televisão.	( )	
5.	No quarto diálogo, o atendente ensina como controlar o volume e os canais da TV.	( )	

VARIATIONS

I.   As variações dos diálogos da situação 4 dependem inteiramente do funcionamento dos equipamentos em seu local de trabalho. Todas as frases apresentadas nesta situação podem ser modificadas conforme sua necessidade. Você, certamente, vai precisar adequar as suas respostas aos procedimentos e à linguagem do hotel em que trabalha. Observe a estrutura das frases. O que está em itálico é possível de ser substituído. Aqui estão algumas sugestões:

Control the temperature here. → **Control the volume here.**
Turn the volume up and down here. → **Turn the temperature up and down here.**
The channel menu is here. → **The power button is here.**

Agora volte aos diálogos e faça as suas substituições.

II. Caso o cofre precise ser arrombado por um segurança, o hóspede será solicitado a digitar uma nova senha, dessa forma:
Please enter a new code.

III. Nas instruções, a utilização das frases e a ordem em que foram apresentadas são opcionais. Volte ao diálogo 2 sobre o ar condicionado e ajuste-o às suas necessidades de comunicação. Lembre-se que pode combinar as frases desse capítulo com outras vistas anteriormente. Veja um exemplo:
The air conditioner control is here.
Control temperature here.
Turn it off here.
Anything else you need, please call front desk.

LISTEN AND REPEAT

Repita algumas possíveis combinações do que aprendeu:

Would you like me to show you how to use the safe?
Enter four numbers. Press lock. To open press your code.
Please enter a new code.
Turn the tap to the left for hot water.
Control the temperature here.
Turn the volume up and down here.
Change the TV channels here.

EXERCISES

I. **Order the sentences**

Ordene as frases que você utiliza para explicar o funcionamento do cofre. Utilize números de 1 a 7 nos parênteses.

( )	a.	Enter four numbers.
( )	b.	If you need anything, please call the receptionist.
( )	c.	Press lock.
( )	d.	The directions are on the door.
( )	e.	The safe is in the closet.
( )	f.	To open press your code.
( )	g.	Would you like me to show you how to use it?

II. **Categorize**

As frases apresentadas nesta situação são instruções possíveis para determinados assuntos. Complete as colunas utilizando as frases. Uma frase pode ser usada em várias colunas. Também é permitido ajustá-las aos assuntos.

TV

_____
_____
_____
_____
_____

AIR CONDITIONER

_____
_____
_____
_____
_____

DVD

_____
_____
_____
_____
_____

BLINDS

_____
_____
_____
_____
_____

THINK ABOUT

Geralmente na porta do cofre eletrônico há instruções em português e em inglês. Seja curioso, faça uma pesquisa e escreva as instruções para o cofre eletrônico instalado nos apartamentos do hotel em que você trabalha. Caso precise, você pode consultar as instruções em inglês.

AQUECENDO

Antes de começar a aprender coisas novas, observe a ilustração e pense um pouco sobre as seguintes questões:

Esta situação acontece em minha rotina de trabalho?

Consigo pensar em uma forma adequada de resolver isso em português?

Eu sei me comunicar nesta situação em inglês? O que eu posso ou devo dizer?

 LISTEN AND READ

SITUATION 5 — The guest needs help

DIALOGUE 1 – THE GUEST IS INSIDE A BROKEN ELEVATOR

(O hóspede está preso no elevador)

GUEST: Please help me! I'm stuck in the elevator.
EMPLOYEE: *Calm down, sir.* We'll get you out in *a few minutes.*
GUEST: Thank you.

DIALOGUE 2 – THE GUEST IS NOT FEELING WELL

(O hóspede não está bem)

EMPLOYEE: Are you all right, sir?
GUEST: Not really, I feel a little dizzy.

EMPLOYEE:	*Have a seat, sir.*
GUEST:	Yes.
EMPLOYEE:	Would you like *some water*?
GUEST:	Yes, please.
EMPLOYEE:	…Here you are.

COMPREHENSION

Observe a situação 5 e responda verdadeiro (V) ou falso (F). No quadro a seguir, escreva a(s) palavra(s) que justifica(m) sua resposta. Observe o exemplo.

	VERDADEIRO OU FALSO?		JUSTIFIQUE
1.	No diálogo 1, uma pessoa está presa no elevador e pede ajuda.	(V)	Please, help me! I'm stuck in the elevator.
2.	No diálogo 1, o profissional que ouve o pedido pede à pessoa que fique calma.	( )	
3.	No diálogo 1, o profissional informa que vai tirá-la dali em duas horas.	( )	
4.	No diálogo 2, o hóspede informa que está passando bem.	( )	
5.	No diálogo 2, o profissional oferece água ao hóspede.	( )	
6.	O hóspede diz que prefere um suco.	( )	

VARIATIONS

O diálogo da situação 5 poderia ser diferente. Veja algumas das possíveis variações:

I. Em um momento como esse, a pessoa que está presa precisa ser tranquilizada e informada do que está acontecendo. Algumas frases que você já aprendeu até agora podem ajudar. Veja:

Please stay calm.
Just a moment, I'll call for help.
We'll get you out in two minutes.

II. Independentemente de ficar preso em um elevador, um hóspede pode passar mal por qualquer outro motivo. Se você estiver por perto, pode auxiliá-lo, em primeiro lugar, perguntando como ele está:

Are you all right?
How are you feeling?
Are you feeling all right?
Is anything wrong?

III. Em vez de se sentar, a pessoa pode precisar deitar-se. Nesse caso, diga:
Please lie down.
Would you like to lie down?

IV. Em casos extremos, a pessoa pode precisar de um médico ou enfermeiro, então diga:
I'll call a doctor right away.
I'll call a nurse immediately.

LISTEN AND REPEAT

Agora que você já sabe como pode variar a situação 5, repita algumas possíveis combinações do que aprendeu:

Calm down, sir. We'll get you out in a few minutes.
Please stay calm.
Are you all right, sir?
Have a seat, sir
Please lie down.
Would you like some water?
I'll call a doctor right away.

EXERCISES

I. **Mark the correct answer**
Escolha a alternativa correta para completar a conversa de forma adequada. Lembre-se: nas situações a seguir, o hóspede está falando primeiro.

1. **GUEST:** Help me! I'm stuck in the elevator!

a. ( ) **Employee:** Please call reception.
b. ( ) **Employee:** Just a moment, sir. We'll get you out. Calm down, please.
c. ( ) **Employee:** Please call maintenance.

CHAPTER 5 | PROBLEM SOLVING | 183

2. GUEST: My keycard is not working.

a. ( ) **Employee:** Let me check it… Just a moment, sir. I'll change it for you.

b. ( ) **Employee:** Just a moment, sir. We'll get you out. Calm down.

c. ( ) **Employee:** I'll call Room Service.

3. GUEST: Chambermaid, my safe is locked and I can't remember the password.

a. ( ) **Employee:** The instructions are on the door.

b. ( ) **Employee:** Please call Room Service.

c. ( ) **Employee:** Just a moment, sir. I'll call security.

4. GUEST: Bellboy, my keycard is not opening my door.

a. ( ) **Employee:** Please ask the receptionist to issue you a new keycard.

b. ( ) **Employee:** Please ask the bellboy to issue you a new ticket.

c. ( ) **Employee:** Please ask the security guard to issue you a new password.

5. GUEST: I enter my password in the safe and it does not open.

a. ( ) **Employee:** The battery is good. I'll change it for you.

b. ( ) **Employee:** I'll change the safe for you.

c. ( ) **Employee:** Let me check it… The battery is dead. I'll change it for you.

6. GUEST: I do not feel well. I feel very dizzy.

a. ( ) **Employee:** Have a seat, sir. I'll call maintenance.

b. ( ) **Employee:** Please lie down, I'll call a doctor.

c. ( ) **Employee:** Would you like some coffee?

II. **Complete**

Qual teria sido a frase do profissional de hotelaria anterior às frases do hóspede nos itens 2 a 6 do exercício I? Os itens foram reproduzidos a seguir para você criar a frase anterior. Em alguns dos itens, pode haver mais do que uma possibilidade. Veja o exemplo:

2. **Employee:** May I help you?

   Guest: My keycard is not working.

3. **Employee:** _____

   Guest: Chambermaid, my safe is locked and I can't remember the password.

4. **Employee:** _____
   Guest: Bellboy, my keycard is not opening my door.

5. **Employee:** _____
   Guest: I enter my password in the safe and it does not open.

6. **Employee:** _____
   Guest: I do not feel well. I feel very dizzy.

THINK ABOUT

Imagine um hóspede que vem ao hotel em que você trabalha pela primeira vez. Quais são as dúvidas e pedidos mais comuns desses hóspedes? Você consegue esclarecer as dúvidas e atender os pedidos em inglês? Como faria isso?

_____
_____
_____
_____
_____
_____
_____

VOCABULARY

BATHROOM AMENITIES
LISTEN AND REPEAT

Aprenda os nomes dos itens de higiene pessoal frequentemente fornecidos pelo hotel

bath mousse / gel / foam [espuma de banho]
bathrobe [roupão]
body lotion / moisturizer [hidratante]
comb [pente]
conditioner [condicionador]

cotton (pads) [algodão]
cotton swabs / tips [cotonetes]
emery board [lixa de unha]
flip-flops / thongs / slippers [chinelos]
(liquid) soap [sabonete (líquido)]
razor blade [lâmina de barbear]
shampoo [xampu]
shoe mitt [flanela para lustrar sapatos]
shoe shine [polidor de sapatos]
shower cap [touca de banho]
tissue paper / kleenex [lenços de papel]
toilet paper [papel higiênico]
wet wipes [lenços umedecidos]

TOILETRY AND MEDICINE
LISTEN AND REPEAT

Aqui estão os nomes de mais alguns itens usados para cuidados pessoais

antacid [antiácido]
aspirin [aspirina]
band-aid [bandaid]
condom [preservativo]
(dental) floss [fio dental]
deodorant [desodorante]
hot water bag [bolsa de água quente]
lipstick [batom]
loofah [bucha de banho]
mouth wash [enxágue bucal]
nail polish remover [removedor de esmalte]
pain killer [analgésico]
(sanitary) pad [absorvente feminino]
scissors [tesoura]
shaving foam / shaving cream [espuma de barbear]
sun block / sunscreen [protetor solar]
thermometer [termômetro]
toothbrush [escova de dentes]
toothpaste [pasta de dentes]
tweezers [pinça]

BASICS

ALPHABET

LISTEN AND REPEAT

A	B	C	D	E	F	G	H	I
J	K	L	M	N	O	P	Q	R
S	T	U	V	W	X	Y	Z	

EXERCISE

A: How do you spell your favorite word in English? (Como se soletra a sua palavra favorita em inglês?)

B: _____

GLOSSARY 5

FUNCTION	ENGLISH	SIT	PORTUGUESE	PROFESSIONAL TIPS
Dizer que vai trazer algo imediatamente	I'll bring *it* right away.	1	Trago-o(a) imediatamente.	Lembre-se sempre da diferença entre singular (IT) e plural (THEM) para caprichar nestas frases.
Dizer que vai tomar providências	I'll see to it.	1	Vou tomar providências.	
Informar que não tem algo	We don't have it.	1	Não temos (o item).	É essencial informar o hóspede quando o hotel não dispõe de um item ou serviço.
Informar que vai verificar o que pode ser feito	I'll see what I can do.	1	Vou ver o que pode ser feito.	
Informar sobre quem cuidará do que foi pedido	Maintenance will take care of that for you.	1	A manutenção cuidará disso para o senhor.	Com esta frase você informa o hóspede que a pessoa responsável tomará as devidas providências.
Entregar uma cortesia	This a compliment from the hotel	1	Esta é uma cortesia do hotel.	

CHAPTER 5 | PROBLEM SOLVING | 187

FUNCTION	ENGLISH	SIT	PORTUGUESE	PROFESSIONAL TIPS
Informar que pedirá a alguém para entrar em contato	*I'll ask the bellboy to contact you.*	2	*Pedirei ao mensageiro para entrar em contato.*	
Perguntar o sobrenome do hóspede	*What's your last name?*	2	*Qual é seu sobrenome?*	
Perguntar como soletra seu sobrenome	*How do you spell it?*	2	*Como se soletra?*	
Informar que vai trocar algo	*I'll change it right away.*	2	*Vou trocá-lo(a).*	Preste atenção nas reclamações do hóspede para resolver como vai solucionar o problema e informe-o rapidamente do que será feito para que se sinta atendido.
Informar que vai limpar algo	*I'll clean it right away.*	2	Vou limpá-lo(a).	
Oferecer-se para ajudar a procurar algo	Let me help you look.	3	Deixe-me ajudá-lo(a) a procurar.	
Apontar e dizer onde está algo	*Here it is, under the table.*	3	*Aqui está, embaixo da mesa.*	
Perguntar a cor de algo	What color is it?	3	De que cor é?	
Perguntar a marca de algo	What brand?	3	De que marca?	Para alguns itens perdidos não se pergunta a marca.
Informar se algo está ou não no departamento de achados e perdidos	*It's (not) here.*	3	*(Não) Está aqui.*	
Oferecer-se para mostrar o funcionamento do cofre	Would you like me to show you how to use the safe?	4	Gostaria que eu mostrasse como usar o cofre?	Ofereça-se para explicar ao hóspede o funcionamento do cofre.
Informar sobre funcionamento do cofre	*Enter four numbers. Press lock. To open press your code.*	4	*Digite 4 números. Pressione lock. Para abrir digite seu código.*	Atenção para o funcionamento do cofre eletrônico em seu local de trabalho.
Instruir para que o hóspede insira um novo código	Please enter a new code	4	Insira um novo código.	
Instruir para ligar e desligar algo	Turn on and off...	4	Ligue e desligue...	
Instruir para aumentar e diminuir algo	Turn up and down...	4	Aumente e abaixe...	

FUNCTION	ENGLISH	SIT	PORTUGUESE	PROFESSIONAL TIPS
Instruir para trocar algo	**Change...**	4	Mude...	
Instruir para controlar algo	**Control...**	4	Controle...	
Pedir que se acalme	*Calm down.*	5	*Acalme-se.*	Há pessoas que ficam muito nervosas ao ficarem presas em um elevador. Você precisa estar calmo para ajudá-la.
Informar que vai tirá-lo em alguns minutos	*We'll get you out in a few minutes.*	5	*Vamos tirá-lo em poucos minutos.*	
Perguntar se o hóspede está bem	*How are you feeling?*	5	*Como está se sentindo?*	
Pedir que o hóspede se sente	*Have a seat.*	5	*Sente-se.*	
Oferecer água	*Would you like some water?*	5	*Gostaria de água?*	
Informar que chamará o médico	**I'll call a doctor right away.**	5	*Vou chamar o médico imediatamente.*	Informe-se de que tipo de socorro o hotel em que você trabalha pode oferecer e como isso funciona.

BONUS 5

No capítulo 5, você vai fazer algo diferente: mesclar situações que tenha aprendido separadamente. Afinal a sua prática profissional não acontece em capítulos! Para começar, seguem algumas sugestões de combinação com a referência dos capítulos. A ideia é que você construa diálogos combinando os temas propostos. Você pode seguir as sugestões ou inventar outras combinações. Boa prática!

MENSAGEIROS

> No caminho para o check-out (capítulo 1), o hóspede pede para deixar a bagagem no guarda-volumes (capítulo 5).
> Ao apresentar o apartamento no check-in (capítulo 1), o hóspede pede para explicar o funcionamento do cofre (capítulo 5).
> Ao acompanhar o check-in do hóspede (capítulo 1), o hóspede pede um item de higiene (capítulo 5).

GOVERNANÇA

> Ao oferecer a limpeza (capítulo 2), o hóspede pede a explicação do funcionamento do cofre (capítulo 5).
> Ao aceitar a limpeza (capítulo 2), o hóspede pede um item de higiene (capítulo 5).
> Ao recolher a lavanderia (capítulo 2), você ajuda o hóspede a encontrar um pertence que ele perdeu dentro do apartamento (capítulo 5).
> Ao levar uma cortesia ao hóspede (capítulo 5), ele faz uma reclamação sobre algo que não está limpo (capítulo 5).

MANUTENÇÃO

> Quando vai atender a um chamado de conserto no apartamento (capítulo 3), o hóspede pede que você explique o funcionamento da TV (capítulo 5).
> Ao levar o transformador em um apartamento (capítulo 3), o hóspede pede algo que é de responsabilidade da governança (capítulo 5).

SEGURANÇA

> Ao atender a um chamado de problema com o cofre (capítulo 4), o hóspede pede algo que é de responsabilidade da manutenção (capítulo 5).
> Ao atender o chamado de um hóspede cuja chave está desmagnetizada (capítulo 4), o hóspede pede a informações sobre a segurança na cidade (capítulo 4).

QUIZ 5

DESAFIO

Faça o teste a seguir. Se você acertar pelo menos oito das dez questões, siga para o capítulo 6. Se acertar menos que isso, por que não faz uma revisão do capítulo?

EXERCISE I

Listen to the guests' requests and mark the correct answer:

1.
   a. I'll clean it right away.
   b. I'll bring it right away.
   c. I'll bring them right away.
   d. I'm sorry, ma'am. We don't have it.
   e. Please call the receptionist.

4.
   a. What brand is it, ma'am?
   b. I'm sorry, ma'am. I'll clean it in a few minutes.
   c. They are not here, sorry.
   d. Let me help you look, ma'am.
   e. Please ask the receptionist to open the door for you.

2.
a. I'll bring them right away.
b. I'm sorry, ma'am. We don't have them.
c. I'll clean it right away.
d. Please call security.
e. Please call the receptionist.

5.
a. I'll change it right away, ma'am.
b. I'll bring it right away.
c. Turn on and off here, control the temperature here.
d. Turn on and off here, control the channels here.
e. Turn on and off here, control the volume here.

3.
a. Don't worry, ma'am. Security will take care of that for you.
b. Don't worry, ma'am. I'll ask room service to contact you.
c. Don't worry, ma'am. I'll bring it right away.
d. I'm sorry, ma'am. May I help you?
e. Please call the laundry attendant.

6.
a. What time, ma'am?
b. Would you like some water?
c. For when?
d. Don't worry, ma'am. It's safe.
e. Can you give me your last name and room number, please?

EXERCISE II

Listen to the guest's request and put the number next to the corresponding picture. Two pictures will be left out on purpose:

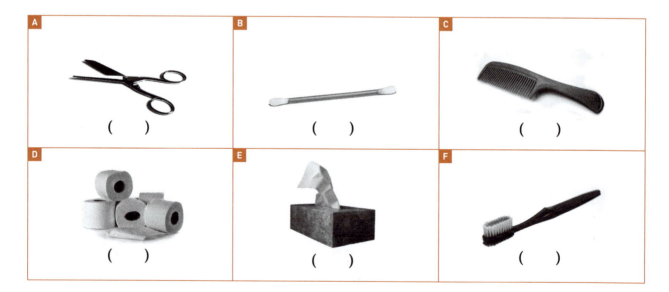

Seus acertos:

CHAPTER 5 | PROBLEM SOLVING | 191

CHAPTER 5 – ANSWERS

ANSWERS

SITUATION 1

COMPREHENSION

1.	(V)	Yes, sir. I'll bring it right away.
2.	(F)	I'm sorry, sir. We don't have it.
3.	(F)	Just a moment, ma'am. I'll see what I can do.
4.	(V)	Here is the iron you requested.
5.	(F)	I need a transformer.
6.	(F)	This is a compliment from the hotel.

EXERCISES

I.   1-b, 2-c, 3-b, 4-a, 5-b

II.   Respostas livres

THINK ABOUT

Resposta sugerida:
I'll take care of that for you.

SITUATION 2

COMPREHENSION

1.	(F)	Can I have my shoes polished?
2.	(F)	515
3.	(F)	How do you spell it?
4.	(F)	Can you change my pillow cases?
5.	(V)	This floor is wet.

EXERCISES

I.   3, 2, 6, 4, 7, 1, 5

II.   7, 5, 9, 8, 4, 2, 1, 3, 6

THINK ABOUT

Respostas sugeridas:

I. Pode-se encaminhar o serviço *"The bellboy will take of that for you"* ou fazê-lo *"I'll take care of that for you"*.

II. Para reclamações como as dos itens 1 ou 5, deve-se chamar a manutenção *"I'll call maintenance"*. Para as demais, deve-se chamar a governança *"I'll call housekeeping"*. Se você for responsável pelo serviço, pode informar que vai executá-lo, por exemplo: *"I'll clean it"*.

III. É necessário pedir as informações do hóspede, por exemplo: *"What is your name and room number, please"*.

SITUATION 3

COMPREHENSION

1.	(V)	Do you need any help?
2.	(F)	I lost my watch.
3.	(V)	Let me help you look.
4.	(F)	I was in the lobby yesterday and I left my cell phone there.
5.	(V)	Yes, sir. It's here.

EXERCISES

I.   5, 7, 2, 8, 4, 6, 3, 1

II.   f / g, a ... b, h, c

THINK ABOUT

Respostas livres

SITUATION 4

COMPREHENSION

1.	(F)	Yes, please.
2.	(V)	Enter four numbers.
3.	(V)	Turn the tap to the left.
4.	(F)	How does the air conditioner work?
5.	(V)	Turn the volume... Change the channels...

CHAPTER 5 | PROBLEM SOLVING | 193

ANSWERS

EXERCISES

I. 4, 7, 5, 2, 1, 6, 3

II. Respostas sugeridas:

TV – turn on, turn off, turn up the volume, change the channels…

Air conditioner – turn on, turn off, control the temperature…

DVD – turn on, turn off, control…

Blinds – put up, put down, control…

THINK ABOUT

Resposta livre

SITUATION 5

COMPREHENSION

1.	(V)	Please help me! I'm stuck in the elevator.
2.	(V)	Calm down, sir.
3.	(F)	We'll get you out in a few minutes.
4.	(F)	Not really, I feel a little dizzy.
5.	(V)	Would you like some water?
6.	(F)	Yes, please.

EXERCISES

I. 1-b, 2-a, 3-c, 4-a, 5-c, 6-b

II. Respostas sugeridas

3. What can I do for you, sir?

4. How may I help you?

5. What is the problem with safe?

6. How are you feeling?

THINK ABOUT

Respostas pessoais

BASICS

Alphabet: Resposta pessoal

BONUS 5

Respostas pessoais

ANSWERS

QUIZ 5

TAPESCRIPT	RESPOSTA	DICA DA PROFESSORA
EXERCISE I		
1. Chambermaid, I need some more toilet paper.	b	É atribuição da governança e o item pedido está no singular.
2. Can you get me a corkscrew, please?	e	Pode não estar disponível, será necessário acionar a recepção.
3. Bellboy, I forgot the password to the safe!	a	O segurança pode ajudá-lo com o cofre.
4. Attendant, I lost my ring.	d	Se a camareira está no apartamento, pode ajudar a procurar.
5. Bellboy, how can I control the air conditioner?	c	Só pode ser a instrução que contém a palavra *temperature*.
6. I need to leave a backpack in the storage room.	e	Você precisa dos dados do hóspede.
EXERCISE II		
1. Chambermaid, can you get some **cotton swabs**?	b	
2. Bellboy, where can I buy some **scissors**?	a	
3. Attendant, I need some **tissue paper**.	e	
4. Please can you bring me a **tooth brush**?	f	

CHAPTER 6

GENERAL INFORMATION

O capítulo 6 refere-se às informações que você pode ser solicitado a dar enquanto desempenha suas funções no hotel. Lembre-se de que perguntas como as que você vai aprender a responder neste capítulo podem aparecer a qualquer momento durante o seu diálogo com o hóspede. É muito importante que você compreenda o que está sendo perguntado para responder adequadamente.

Veja a seguir o que você vai aprender neste capítulo.

SITUATIONS
Aqui estão as situações do capítulo

PÁGINA

Situation 1: Informing about items in the room Informar sobre itens no apartamento	196
Situation 2: Informing about services, places and opening times in the hotel Informar sobre serviços, locais e horários de funcionamento dentro do hotel	200
Situation 3: Informing about transfer services Informar sobre transporte	206
Situation 4: Informing about places in the city Informar sobre locais na cidade	211

VOCABULARY	PÁGINA
Room Items II	214
BASICS	
Hotel places	215
Indoor locations and directions	216
Time II	217
Ordinals, months and dates	219
Public places	220
Numbers III	221
Outdoor locations and directions	222

	PÁGINA
GLOSSARY 6	223
BONUS 6	224
QUIZ 6	224
CHAPTER 6 ANSWERS	226

196 | INGLÊS PARA HOTELARIA | HOSPEDAGEM, HOTÉIS E POUSADAS

••• AQUECENDO

Antes de começar a aprender coisas novas, observe a ilustração e pense um pouco sobre as seguintes questões:

Esta situação acontece em minha rotina de trabalho?

Consigo pensar em uma forma adequada de resolver isso em português?

Eu sei me comunicar nesta situação em inglês? O que eu posso ou devo dizer?

 LISTEN AND READ

SITUATION 1 — **Informing about items in the room**

	GUEST 1:	I can't see the laundry bag.
	EMPLOYEE:	*It is on the safe in the closet.*

REVIEW
Prepositions, chapter 1.

	GUEST 2:	I need some paper and envelopes, please.
	EMPLOYEE:	*They are in the folder in the drawer.*

STUDY
Room items II,
page 214.

	GUEST 3:	Chambermaid, please. I need an iron.
	EMPLOYEE:	*The iron and the ironing board are in the closet.*

COMPREHENSION

Observe a situação 1 e responda verdadeiro (V) ou falso (F). No quadro a seguir, escreva a(s) palavra(s) que justifica(m) sua resposta. Observe o exemplo.

	VERDADEIRO OU FALSO?		JUSTIFIQUE
1.	O primeiro hóspede pergunta sobre o saco da lavanderia.	(V)	I can't see the laundry bag.
2.	O atendente não sabe dizer onde está o item procurado no diálogo 1.	( )	
3.	O segundo hóspede não encontra o cofre.	( )	
4.	Não há gavetas no apartamento do hóspede do diálogo 2.	( )	
5.	O hotel do diálogo 3 oferece ferro e tábua nos apartamentos.	( )	

VARIATIONS

O diálogo da situação 1 poderia ser diferente. Veja algumas das possíveis variações:

I. Perceba que o hóspede pode pedir algo de várias formas. O mais importante é que você se concentre em entender o que ele está pedindo.

II. É possível construir as respostas mostradas na situação 1 de três formas:

> Utilizando o nome do item perguntado:
The laundry bag is on the safe in the closet.
The laundry lists are in the closet.

> Utilizando o pronome que substitui o nome do item, para singular **it**, para plural **they**:
It is on the safe in the closet.
They are in the closet.

> Ou apenas informando a localização daquele item:
In the closet.
In the drawer.
On the table.
Next to the telephone.
Behind the desk.

III. Caso algum item não tenha sido resposto, você também pode dizer:
Just a moment, sir. I'll bring it right away.
I'm sorry, ma'am. I'll bring it in a few minutes.

IV. Alguns hotéis não fornecem o ferro de passar aos hóspedes. Se esse for o caso do seu local de trabalho, você já aprendeu o que dizer no capítulo 5.

V. Para informar o hóspede de qualquer outro item que o hotel não tem, revise o capítulo 5.

LISTEN AND REPEAT

Agora que você já sabe como pode variar a situação 1, repita algumas possíveis combinações do que aprendeu:

The laundry bag is on the safe in the closet.
The laundry lists are in the closet.
It is on the bathroom sink.
They are in the drawer.
The iron and the ironing board are in the closet.

EXERCISES

I. **Match**

Ligue os itens aos locais onde eles estão no apartamento. Você não precisa fazer o exercício para os itens que não são oferecidos em seu hotel. Caso seja necessário, você pode adicionar locais nas linhas extras.

( ) the shampoo	1. in the closet
( ) the ashtray	2. on the bathroom sink
( ) the remote control	3. on the bedside table
( ) paper and envelopes	4. on the coffee table
( ) the telephone directory	5. on the table
( ) the hotel directory	6. in the drawer
( ) the room service menu	7. in the minibar
( ) the glasses	8. next to the TV

( ) the laundry list and bag	9. _____
( ) the pen	10. _____
( ) the bottle opener	11. _____

II. **Answer**

Responda as perguntas, de forma completa, conforme a realidade do hotel em que trabalha. Exemplo:

> **Guest:** Where is the remote control?
>
> **You:** The remote control is on the coffee table, sir. **ou** It is on the coffee table.

1. **Guest:** Where are the bathroom amenities?

   You: _____

2. **Guest:** Where is the TV guide?

   You: _____

3. **Guest:** Where is the extra pillow?

   You: _____

4. **Guest:** Where are the laundry list and the laundry bag?

   You: _____

5. **Guest:** Where are the extra blankets?

   You: _____

6. **Guest:** Where is the iron?

   You: _____

THINK ABOUT

Selecione dois ou três itens aprendidos e escreva frases sobre a localização desses itens em sua casa. Veja o exemplo: **The TV is across from the sofa**.

_____

_____

_____

AQUECENDO

Antes de começar a aprender coisas novas, observe a ilustração e pense um pouco sobre as seguintes questões:

Esta situação acontece em minha rotina de trabalho?

Consigo pensar em uma forma adequada de resolver isso em português?

Eu sei me comunicar nesta situação em inglês? O que eu posso ou devo dizer?

 LISTEN AND READ

SITUATION 2 — **Informing about services, places and opening times in the hotel**

Hotel places, page 215.

GUEST 1: Is there a ladies' room in the lobby?

EMPLOYEE: Yes, ma'am. It's over there.

CHAPTER 6 | GENERAL INFORMATION | 201

GUEST 2:	Where is the restaurant?
EMPLOYEE:	(It's) on the ground floor, across from the lobby.

STUDY
Indoor locations, page 216.

GUEST 3:	Where is the fitness center?
EMPLOYEE:	(It's) on the top floor, near the sauna.

GUEST 4:	Can you tell me how to get to the indoor pool?
EMPLOYEE:	*Yes, sir.* Take the elevator to the top floor. When you leave the elevator, walk to the end of the hall.

STUDY
Indoor directions, page 216.

GUEST 5:	I'm allergic to feathers. Do you have other kinds of pillows?
EMPLOYEE:	We have a pillow menu, ma'am. For more information, please call *the receptionist.*

GUEST 6:	What time is the business center open?
EMPLOYEE:	From 8 am to 10 pm.

STUDY
Time II, page 217.

COMPREHENSION

Observe a situação 2 e responda verdadeiro (V) ou falso (F). No quadro a seguir, escreva a(s) palavra(s) que justifica(m) sua resposta. Observe o exemplo.

	VERDADEIRO OU FALSO?		JUSTIFIQUE
1.	No primeiro diálogo, o profissional de hotelaria conversa provavelmente com uma mulher.	(V)	Is there a ladies' room in the lobby?
2.	O restaurante da segunda pergunta fica dentro de um hotel.	( )	
3.	De acordo com as informações do diálogo 3, há uma cobertura no hotel.	( )	
4.	O hóspede do diálogo 4 precisa de explicações para chegar ao local que procura.	( )	
5.	O hóspede do diálogo 5 quer um travesseiro de penas.	( )	
6.	O hóspede do diálogo 6 pede informações sobre horários.	( )	

VARIATIONS

As respostas apresentadas nos diálogos da situação 2 têm muitas combinações possíveis.

ATENÇÃO

Informar uma localização é mais simples e direto do que explicar um caminho (*directions*). Preste sempre atenção na dúvida do cliente antes de responder. Do que ele precisa?

I. Em inglês, para se dizer que há ou existe algo, diz-se There is para o singular e There are para o plural. Você pode usá-los para falar sobre os serviços e dependências do hotel. Veja alguns exemplos:

There is an ice machine on each floor.

There is an indoor heated swimming pool on the top floor.

There are 250 rooms in the hotel.

There are two restaurants and one bar on the ground floor.

Se o hóspede usar para fazer a pergunta, vai ficar como no diálogo 1 Is there...?, e no plural Are there...?.

II. Como foi visto na situação 1 deste capítulo, você pode ou não utilizar It's, por isso foram usados parênteses em alguns diálogos.

III. Para informar a localização, se o local procurado estiver no mesmo andar em que você e o cliente estão, você pode dizer:

Over there.

Down the hall.

First door on the left.

Between the coffee shop and the lobby.

Sendo em andar diferente, adicione o andar:

On the second floor, third door on the right.

On the tenth floor, next to the spa.

IV. Para informar a direção, ou seja, como se chega até o local, você pode dizer:

Go down the hall.

Turn right.

Cross the lobby.

Take the elevator to the second floor.

Go up one floor.

ATENÇÃO

Mais exemplos das variações estão em '*Indoor locations and directions*', na página 216.

V. Alguns hotéis oferecem opções de produtos diferenciados aos hóspedes. Estes produtos podem estar listados em um cardápio disponível, na maioria das vezes, no apartamento ou na recepção. O hotel em que você trabalha pode oferecer um menu de travesseiros ou de sabonetes, por exemplo, e então você pode dizer:

We have a pillow menu.
We offer a soap menu.

VI. Ao informar horários de funcionamento, caso haja horários diferenciados para diferentes dias, você deverá explicar. Veja o exemplo:

From Mondays to Saturdays, from 10 am to 11 pm. On Sundays, from 12 noon to 4 pm.

Outras opções são:

From midday to the last customer (até o último cliente).
24 hours.
24/7 (é um forma coloquial de se dizer 24 horas, 7 dias por semana).

STUDY
Ordinals, months and dates, page 219.

Você também pode ter de informar que um serviço do hotel está indisponível em determinado período ou será inaugurado em determinada data, para isso, vão algumas possibilidades a seguir:

The swimming pool will be closed from June to August.
The new business center will open on January 1st.

LISTEN AND REPEAT

Agora que você já sabe como pode variar a situação 2, repita algumas das possíveis combinações que aprendeu:

There is an ice machine on each floor.
There are two restaurants and one bar on the ground floor.
It's on the ground floor, across from the lobby.
It's on the top floor, near the sauna.
Take the elevator to the top floor.
Go down the hall and turn left.
We offer a soap menu. For more information, please call housekeeping.
From Mondays to Saturdays, from 10 am to 11pm. On Sundays, from 12 noon to 4 pm.
24/7.
The new business center will open on January 1st.

204 | INGLÊS PARA HOTELARIA | HOSPEDAGEM, HOTÉIS E POUSADAS

EXERCISES

I. **Identify**

Identifique nas respostas a seguir o que é *location* (L) e o que é *direction* (D).

1.	Cross the lobby, turn left. It's the first door on the right.	( )
2.	The gift shop is by the swimming pool.	( )
3.	Go down the hall and turn right.	( )
4.	The spa is on the top floor.	( )
5.	The bar is on the right, between the lobby and the restaurant.	( )
6.	Take the escalator. It's on your left.	( )

ATENÇÃO

Perceba que sempre que você explica um caminho (*direction*), você utiliza uma palavra que indica uma ação (verbos: *cross, go, take...*).

II. **Research**

Utilize as informações de seu local de trabalho para montar a tabela. Observe o exemplo:

SERVICE	OPENING TIMES	LOCATION
Great Piano Bar	From Tuesdays to Thursdays – from 7 pm to 1 am On Fridays and Saturdays – from 6 pm to the last customer On Sundays – from 6 pm to midnight Closed on Mondays	2nd floor, next to the business center

SERVICE	OPENING TIMES	LOCATION

THINK ABOUT

Pense em como explicar ao cliente ou hóspede como chegar aos lugares listados a seguir, levando em conta como ponto de partida o seu posto de trabalho:

Where's the business center?

_____

_____

Where's breakfast served?

_____

_____

Where is the fitness center?

_____

_____

••• AQUECENDO

Antes de começar a aprender coisas novas, observe a ilustração e pense um pouco sobre as seguintes questões:

Esta situação acontece em minha rotina de trabalho?

Consigo pensar em uma forma adequada de resolver isso em português?

Eu sei me comunicar nesta situação em inglês? O que eu posso ou devo dizer?

 LISTEN AND READ

SITUATION 3 Informing about transfer services

DIALOGUE 1 – SHUTTLE SERVICE

EMPLOYEE: We have a free shuttle service to *the International Airport every 20 minutes from 5 am to midnight.*

DIALOGUE 2 – TRANSFER SERVICE

> **STUDY**
> *Public places, page 220.*

EMPLOYEE: We offer a transfer service to *some shopping centers.*
GUEST: What time can we take it?
EMPLOYEE: *Monday to Friday at 6 pm and 8 pm, Saturdays at 4 pm and 9 pm.*
GUEST: How much is it?

> **STUDY**
> *Numbers III, page 221.*

EMPLOYEE: *R$ 100,00, a pass for three days.*
GUEST: Thank you.

COMPREHENSION

Observe a situação 3 e responda verdadeiro (V) ou falso (F). No quadro a seguir, escreva a(s) palavra(s) que justifica(m) sua resposta. Observe o exemplo.

	VERDADEIRO OU FALSO?		JUSTIFIQUE
1.	No diálogo 1, o mensageiro informa o hóspede sobre um ônibus gratuito que passa no hotel e leva ao aeroporto.	(V)	We have a free shuttle service to the International Airport.
2.	No diálogo 1, o mensageiro também diz os horários do ônibus.	( )	
3.	No diálogo 2, o mensageiro explica sobre o city tour da cidade.	( )	
4.	No diálogo 2, a van visita os museus da cidade	( )	
5.	Em ambos os diálogos, os serviços são cobrados.	( )	
6.	No diálogo 2, o hóspede paga uma taxa única para utilizar o serviço por 3 dias.	( )	

VARIATIONS

O diálogo da situação 3 poderia ser diferente. Veja algumas das possíveis variações:

I. Todos os serviços oferecidos podem ser gratuitos ou cobrados. Para serviços gratuitos, insira a palavra **free** antes do nome do serviço como no diálogo 1 da situação.

II. O serviço de transporte pode ser do hotel para um aeroporto ou porto, ou fazendo o caminho contrário, do ponto de chegada do hóspede até o hotel. Alguns hotéis têm acesso por meio de barco ou heliporto. Você pode adaptar a frase às suas necessidades. Observe alguns exemplos:
We have a free shuttle service to the local airport twice a day, at 11 am and 4 pm.
We have a free bus service to the marine, every morning, at 7 am.
We have a heliport open from 7 to 9 am.

⬛▶ A T E N Ç Ã O

Você pode precisar das expressões: **once, twice, three times** para comunicar a frequência: uma vez, duas vezes, três vezes. Por exemplo: **once a day**. Para dizer que algo acontece a cada 30 minutos, por exemplo, use: **every 30 minutes**.

III. Alguns hotéis oferecem um serviço de transporte para locais de interesse. Podem ser pontos turísticos, feiras de artesanato, museus e até shopping centers.
It's a transfer service to the local market.
We have a van service to the city museum.

IV. Para informar a frequência de um serviço, diga os dias da semana em que ele funciona e, em seguida, os horários. Veja um exemplo:
Week days from 7 am to 5 pm. Weekends from 10 am to 11 pm.

V. Para informar valores, veja alguns exemplos:
R$ 25,00 one way (ida)
R$ 40,00 round-trip (ida e volta)
R$ 100,00 for three days.
A pass for five days is R$120,00

LISTEN AND REPEAT

Agora que você já sabe como pode variar a situação 2, repita algumas possíveis combinações do que aprendeu:

We have a free shuttle service to the International Airport every 20 minutes from 5 am to midnight.
We offer a van service to city museums.
Week days from 7 am to 5 pm. Weekends from 10 am to 11 pm.
R$ 40,00 round-trip.
A pass for five days is R$120,00.

EXERCISES

I. **Write**
Observe algumas expressões aprendidas nesta situação e busque outros usos para elas dentro de sua rotina profissional. Você pode mudar as palavras em itálico para ajustar à sua necessidade. Veja o exemplo:

a. once *a day*: We replenish the minibar once a day. _____
b. *twice a day*: _____
c. *every 30 minutes*: _____
d. *from 9 am to 7 pm*: _____
e. *on weekdays*: _____

CHAPTER 6 | GENERAL INFORMATION | 209

II. **Complete the sentences**

Há uma parte da frase na primeira coluna e outra parte na segunda coluna. Você deve juntar duas partes que façam sentido e escrever as frases completas nas linhas abaixo, mas atenção, há várias possibilidades corretas. Sugerimos que escreva todas.

1st PART	2nd PART
1. We have a bus service	a. from Mondays to Saturdays, from 7 am to 10 pm.
2. The pass to visit the technology fair is	b. next to the lobby.
3. The tennis courts are	c. on the ground floor next to the pool bar.
4. There is a convenience store	d. R$ 100, 00 for two days.
5. The laundry is open	e. to the airport.
6. The hotel offers a free transfer	f. free.
7. The heated swimming pool is open	g. everyday.

_____

_____

_____

_____

_____

_____

_____

THINK ABOUT

I. Algumas das combinações acima estão corretas mas não fazem sentido isoladas. Pense: A informação **The hotel offers a free transfer everyday.** é possível se o local para onde for esse transporte já tiver sido mencionado na conversa anteriormente, e portanto, claro para o hóspede. Caso contrário a frase tem de mencionar o local e a frequência, por exemplo: **The hotel offers a free transfer to the airport everyday.** Volte ao exercício e veja se há mais algum exemplo.

_____

_____

_____

II. No hotel em que você trabalha, há algum serviço de transfer? É gratuito? Para onde? Com que frequência? Agora você sabe falar sobre isso em inglês. Como seria?

_____

_____

_____

_____

_____

_____

CHAPTER 6 | GENERAL INFORMATION | 211

••• AQUECENDO

Antes de começar a aprender coisas novas, observe a ilustração e pense um pouco sobre as seguintes questões:

Esta situação acontece em minha rotina de trabalho?

Consigo pensar em uma forma adequada de resolver isso em português?

Eu sei me comunicar nesta situação em inglês? O que eu posso ou devo dizer?

LISTEN AND READ

SITUATION 4 — Informing about places in the city

REVIEW
Public places, page 220.

| GUEST 1: | Where can I find a drugstore around here? |
| EMPLOYEE: | *(It's) On the right corner.* |

| GUEST 2: | Where is the bank? |
| EMPLOYEE: | *It's on Paulista Ave.* |

| GUEST 3: | Where is the nearest subway station? |
| EMPLOYEE: | Walk to the corner and turn left. |

STUDY
Outdoor locations and directions, page 222.

| GUEST 4: | I'd like to go to an exchange bureau. Can you help me? |
| EMPLOYEE: | You should take a taxi, sir. It's about *15 minutes* from here *by car*. |

COMPREHENSION

Observe a situação 4 e responda verdadeiro (V) ou falso (F). No quadro a seguir, escreva a(s) palavra(s) que justifica(m) sua resposta. Observe o exemplo.

VERDADEIRO OU FALSO?		JUSTIFIQUE
1. O primeiro hóspede pergunta sobre a farmácia.	(V)	Where can I find a drugstore around here?
2. O que o hóspede do diálogo 2 procura fica em uma avenida.	( )	
3. O terceiro diálogo é sobre uma banca de jornais.	( )	
4. É possível ir a pé ao local que o hóspede do diálogo 3 procura.	( )	
5. O local do diálogo 4 também é próximo.	( )	
6. O hóspede do diálogo 4 procura uma casa de câmbio.	( )	

VARIATIONS

O diálogo da situação 4 poderia ser diferente. Veja algumas das possíveis variações:

I.   Da mesma forma que foi visto na situação 2, há momentos em que uma simples informação do local basta para o hóspede e há momentos em que ele precisará de uma explicação de como chegar. Algumas expressões já aprendidas poderão ser utilizadas aqui também.

II. Você pode usar **There is** para falar de dentro e de fora do hotel. Então, se houver, por exemplo, uma farmácia dentro do shopping, ou um supermercado na esquina do hotel, você pode dizer:
There is a drugstore in the shopping center.
There is a supermarket in the corner.

III. Se você não souber informar, pode dizer isso e buscar ajuda:
I'm sorry, I don't know. Just a moment. I'll call the manager.

LISTEN AND REPEAT

Agora que você já sabe como pode variar a situação 4, repita algumas das possíveis combinações que aprendeu:

Walk to the corner and turn left.
Go straight ahead for three blocks. It's next to the post office.
You should take a taxi, sir. It's about 15 minutes from here by car.
There is a drugstore in the shopping center.
I'm sorry, I don't know. Just a moment. I'll call the manager.

EXERCISES

I. **Identify**

Identifique nas respostas a seguir o que é *location* (L) e o que é *direction* (D).

1.	Cross the street, turn left. It's on the right corner.	( )
2.	The bookstore is in the shopping center.	( )
3.	The bank is over there, next to the supermarket.	( )
4.	Go straight ahead for two blocks and turn right.	( )
5.	Turn the first right. It's in the middle of the block.	( )
6.	The cinema is next to the restaurant.	( )

II. **Research**

Utilize as informações de seu local de trabalho para montar um pequeno mapa. Primeiro preencha o que fica à direita e à esquerda do hotel onde trabalha. Depois, preencha o que fica do outro lado da rua. Em seguida, complete as frases:

_____	HOTEL	_____
	_____ STREET / AVENUE	
_____	_____	_____

1. The hotel is on _____ street / avenue.
2. The _____ is on the left.
3. The _____ is on the right.
4. The _____ is across from the hotel.

Agora escolha mais dois lugares da região e faça frases com **There is**, indicando os locais:

_____
_____
_____
_____
_____
_____
_____

THINK ABOUT

Quais são os locais mais procurados pelos hóspedes que frequentam o hotel onde você trabalha? Você sabe explicar ao hóspede como chegar lá em inglês? Escolha os três mais pedidos e escreva aqui sua explicação.

1. _____ : _____
2. _____ : _____
3. _____ : _____

VOCABULARY

ROOM ITEMS II

LISTEN AND REPEAT

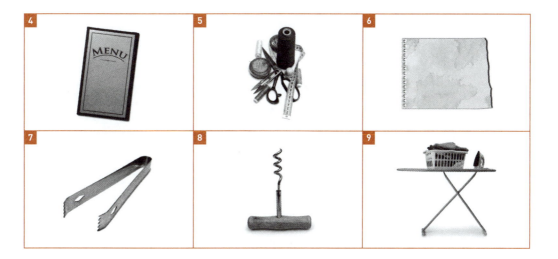

EXERCISE

Match the pictures to the names.

Ligue as figuras aos seus nomes utilizando os números que estão nos quadros.

[ ] bottle opener [abridor de garrafas]	[ ] menu [cardápio]
[ ] corkscrew [saca-rolhas]	[ ] paper [papel]
[ ] ice bucket [balde de gelo]	[ ] pen [caneta]
[ ] ice tongs [pegador de gelo]	[ ] sewing kit [kit de costura]
[ ] ironing board [tábua de passar]	

Aprenda também:

hotel directory [diretório]
laundry bag [saco de lavanderia]
laundry list [rol de lavanderia]
TV guide [guia de TV]

BASICS

HOTEL PLACES

LISTEN AND REPEAT

Aprenda os nomes dos locais e serviços de um hotel

bar [bar]
beauty salon / hair dresser [salão de beleza]

business center [business center]

cashier [caixa]

chapel [capela]

cinema / movie theater [cinema]

coffee shop [café / lanchonete]

convention center [centro de convenções]

courts [quadras]

dry / steam sauna [sauna seca / úmida]

elevator [elevador]

escalator [escada rolante]

fitness center [sala de ginástica]

flower shop [floricultura]

garden [jardim]

(gift) shop [loja (de presentes)]

(heated) (swimming) pool [piscina (aquecida)]

jewelry shop [joalheria]

ice machine [máquina de gelo]

ladies' room [toalete feminino]

library [biblioteca]

lobby [saguão]

meeting / conference rooms [sala de reuniões / conferência]

men's room [toalete masculino]

reception / front desk [recepção]

restaurant [restaurante]

restrooms [toaletes]

spa [spa]

stairs [escada]

telephones [telefones]

TV room [sala de TV]

Wi-fi / wireless (room / area / zone) [espaço para o uso de internet sem fio]

wine cellar [adega]

INDOOR LOCATIONS AND DIRECTIONS
LISTEN AND REPEAT

LOCATIONS

down the hall [em frente no corredor]

on the right [à direita]

on the left [à esquerda]

first door on the *right* [*primeira* porta à *direita*]
on the *first* floor [no *primeiro* andar]
on the top floor [na cobertura]
on the ground floor [no térreo]
one floor *up* [*um* andar *acima*]
two floors *down* [*dois* andares *abaixo*]
over there [ali / lá]
upstairs [no andar de cima]
downstairs [no andar de baixo]

DIRECTIONS

go down the hall [vá em frente]
turn right [vire à direita]
turn left [vire à esquerda]
turn the *second* right [vire a *segunda* à direita]
cross the hall [atravesse o corredor]
go up one floor [suba um andar]
go down one floor [desça um andar]

TIME II

LISTEN AND REPEAT

	USING *PAST*		USING *TO*
1:05	five past one am	**7:35**	twenty-five to eight am
2:10	ten past two am	**8:40**	twenty to nine am
3:15	fifteen past three am / a quarter past three am	**9:45**	fifteen to ten am / a quarter to ten am
4:20	twenty past four am	**10:50**	ten to eleven am
5:25	twenty-five past five am	**11:55**	five to twelve am
6:30	half past six am	**13:35**	twenty-five to two pm
12:05	five past twelve pm	**14:40**	twenty to three pm
19:10	ten past seven pm	**15:45**	fifteen to four pm / a quarter to four pm
20:15	fifteen past eight pm / a quarter past eight pm	**16:50**	ten to five pm
21:20	twenty past nine pm	**17:55**	five to six pm
22:25	twenty-five past ten pm	**18:35**	twenty-five to seven pm
23:30	half past eleven pm	**12:40**	twenty to one pm
0:10	ten past twelve am	**0:45**	fifteen to one am / a quarter to one am

218 | INGLÊS PARA HOTELARIA | HOSPEDAGEM, HOTÉIS E POUSADAS

ATENÇÃO

For *past*, write backwards (←). (Para *past*, escreva de trás para frente)

➤ Example:

1. You hear: **ten past one.**
2. You write: ___:10
3. And then you write **1:10**

For *to*, think in Portuguese to calculate. (Para *to*, pense em português para calcular)

➤ Example:

1. You hear: **ten to ten**
2. You think: **dez para as dez = nove e cinquenta**
3. Then you write: **9:50**

EXERCISES

I. **Write the times in a 24-hour clock.**

Escreva os horários em um relógio 24 horas

1. five past eleven am	11:05	9. half past one am	
2. ten to nine pm		10. five to three am	
3. twenty-five past ten am		11. a quarter to four am	
4. twenty to twelve am		12. five to five am	
5. a quarter past three pm		13. five past twelve pm	
6. twenty past ten pm		14. fifteen past eight pm	
7. twenty-five to ten pm		15. a quarter to nine am	
8. ten past two pm		16. five past five am	

II. **Use numbers and words. Write about yourself.**

Escreva sobre você usando os numerais e as palavras.

1. What time do you get up? (A que horas você se levanta?)

_____

2. What time do you have lunch? (A que horas você almoça?)

_____

CHAPTER 6 | GENERAL INFORMATION | 219

ORDINAL NUMBERS, MONTHS AND DATES
LISTEN AND REPEAT

MONTHS	ORDINAL NUMBERS					
JANUARY	1st	first	13th	thirteenth	25th	twenty-fifth
FEBRUARY	2nd	second	14th	fourteenth	26th	twenty-sixth
MARCH	3rd	third	15th	fifteenth	27th	twenty-seventh
APRIL	4th	fourth	16th	sixteenth	28th	twenty-eighth
MAY	5th	fifth	17th	seventeenth	29th	twenty-ninth
JUNE	6th	sixth	18th	eighteenth	30th	thirtieth
JULY	7th	seventh	19th	nineteenth	31st	thirty-first
AUGUST	8th	eighth	20th	twentieth		
SEPTEMBER	9th	ninth	21st	twenty-first		
OCTOBER	10th	tenth	22nd	twenty-second		
NOVEMBER	11th	eleventh	23rd	twenty-third		
DECEMBER	12th	twelfth	24th	twenty-fourth		

ATENÇÃO

1. What's the **date** today / tomorrow?

▸ (Today is) November 23rd, 1970 = November twenty-third, nineteen seventy = 11/23/1970

▸ (Tomorrow is) February 11th, 2009 = February eleventh, two thousand and nine = 02/11/2009

2. What **day** is today / tomorrow?

▸ (Today is) Monday.

▸ (Tomorrow is) Tuesday.

EXERCISES

I. **Look at the example and write the dates using numbers:**

Escreva as datas utilizando números, como no exemplo.

1.	January twenty-first, nineteen forty-four	01 / 21 / 1944
2.	September thirtieth, nineteen-o-seven	
3.	August second, two thousand and five	
4.	December twenty-third, nineteen seventy	
5.	March twenty-first, two thousand and one	
6.	October, fifth, nineteen ninety-two	

II. **Use numbers and words.**
Escreva usando os numerais e as palavras

When is your birthday?
(a data de seu aniversário)

___

PUBLIC PLACES
LISTEN AND REPEAT

Aprenda os nomes dos locais e serviços de uma cidade

airport [aeroporto]
ATM (automatic teller machine) [caixa eletrônico]
bank [banco]
bar [bar]
bookstore [livraria]
bus stop [ponto de ônibus]
car rental [aluguel de carro]
convenience store [loja de conveniência]
craft fair [feira de artesanato]
drugstore [farmácia]
exchange bureau [casa de câmbio]
hospital [hospital]
local market [mercado local]
museum [museu]
newsstand [banca de jornais]
night club [night club]
post office [correio]
restaurant [restaurante]
shopping center / mall [shopping center]
steak house [churrascaria]
store / shop [loja]
subway station [estação de metrô]
supermarket [supermercado]
theater [teatro]
train station [estação de trem]

NUMBERS III – FROM ONE THOUSAND (1000) ON
LISTEN AND REPEAT

FROM 1,000 TO 10,000		FROM 1,000 ON - EXAMPLES	
1,000	one thousand	1,001	one thousand and one
2,000	two thousand	3,054	three thousand and fifty-four
3,000	three thousand	4,123	four thousand one hundred and twenty-three
4,000	four thousand	5,017	five thousand and seventeen
5,000	five thousand	7,905	seven thousand nine hundred and five
6,000	six thousand	8,330	eight thousand three hundred and thirty
7,000	seven thousand	10,002	ten thousand and two
8,000	eight thousand	50,912	fifty thousand nine hundred and twelve
9,000	nine thousand	97,000	ninety-seven thousand
10,000	ten thousand	100,000	one hundred thousand

ATENÇÃO

I.   Para números de quatro dígitos cuja dezena e unidade são zero, como por exemplo 1300, as pessoas costumam dizer: *thirteen hundred*. Veja mais um exemplo: 2700 = *twenty seven hundred*.

II. Para preços, dizemos:
- US$ 0,25: twenty five cents
- R$ 1,05: one real and five cents ou one-o-five
- € 47,50: forty seven euros ou forty seven fifty
- US$ 739,00: seven hundred and thirty nine dollars ou seven thrity nine
- US$ 2,800,00: two thousand eight hundred dollars ou twenty-eight hundred dollars

EXERCISES

I. **Look at the example and write these numbers:**
Leia e escreva o número, como no exemplo.

1.	two thousand and three	2003	8.	seven thousand two hundred and fifty	
2.	ten thousand and thirty		9.	five thousand seven hundred and nine	
3.	six thousand and five hundred		10.	thirty thousand eight hundred and eighty	
4.	eight thousand and fifteen		11.	one thousand four hundred and seventy	
5.	three thousand one hundred		12.	four thousand three hundred and ten	
6.	twenty thousand six hundred		13.	nine thousand nine hundred and forty-two	
7.	fourteen thousand		14.	one hundred thousand	

II. **Match**

Ligue as colunas do valor que está em numerais à esquerda com as duas formas de se falar, a completa na segunda coluna e a curta na terceira coluna, como foi explicado no item 'atenção' anteriormente. Observe o exemplo:

	COMPLETE FORM		SHORT FORM	
1. R$ 12,90	one dollar twenty-five cents		one hundred and five eighty	
2. R$ 105,80	twenty-nine euros ninety-nine cents		one twenty-five	
3. R$ 320,00	one hundred and five reais eighty cents		one hundred ten	
4. US$ 1,25	three hundred and twenty reais		thirteen seventy-five	
5. US$ 10,50	one hundred euros ten cents		twelve ninety	1
6. US$ 85,95	thirteen euros seventy-five cents		eighty-five ninety-five	
7. € 13,75	eighty-five dollars ninety-five cents		ten fifty	
8. € 29,99	twelve reais ninety cents	1	three hundred and twenty	
9. € 100,10	ten dollars fifty cents		twenty-nine ninety-nine	

OUTDOOR LOCATIONS AND DIRECTIONS
LISTEN AND REPEAT

LOCATIONS

in the middle of the block [no meio do quarteirão]
on the corner [na esquina]
on the *right* [à *direita*]

DIRECTIONS

cross the street [atravesse a rua]
go straight ahead [vá em frente]
walk to *Paulista Ave.* [ande até a *Av. Paulista*]
walk to *the corner* [ande até *a esquina*]
walk to *the traffic lights* [ande até *o farol*]
walk *two* **block(s)** [ande *dois* quarteirões]
turn *right* **on Augusta St.** [vire à *direita* na *Rua Augusta*]
turn the second *left* [vire a *segunda à esquerda*]

GLOSSARY 6

FUNCTION	ENGLISH	SIT	PORTUGUESE	PROFESSIONAL TIPS
Informar o local dos itens	*The laundry lists are in the closet.*	1	*As listas de lavanderia estão no armário.*	Praticamente todas as frases aprendidas nesse capítulo oferecem algumas possibilidades de variação. Você pode escolher algumas que são procedimentos do hotel em que você trabalha e estudá-las com mais afinco.
Informar o que há no hotel ou na cidade	*There is an ice machine on each floor.*	2/4	*Há uma máquina de gelo em cada andar.*	
Informar a localização	*It's on the ground floor, across from the lobby.*	2	*É no térreo, em frente ao saguão.*	
Informar o caminho	*Go down one floor and turn right.*	2/4	*Desça um andar e vire à direita.*	
Encaminhar para mais informações	*For more information, call housekeeping.*	2	*Para mais informações, ligue para a governança.*	
Informar horário de funcionamento	*From Mondays to Saturdays, from 10 am to 11pm.*	2	*De 2ª a sábado, das 10h00 às 23h00.*	Este tipo de informação é importante para o hóspede.
Informar sobre um serviço de transfer	*We have a free shuttle service to the Airport every 20 minutes from 5 am to midnight.*	3	*Temos um serviço de transporte gratuito ao aeroporto a cada 30 minutos de 5h00 à meia-noite.*	
Informar valores	*(It's) R$ 40,00 round trip*	3	*Custa R$ 40,00 ida e volta.*	
Recomendar o transporte	*You should take a taxi, sir.*	4	*O senhor deveria tomar um táxi.*	
Informar tempo de viagem	*It's about 15 minutes from here by car.*	4	*Fica a uns 15 minutos daqui de carro.*	
Desculpar-se quando não sabe a informação	*I'm sorry, I don't know.*	4	*Desculpe-me, não sei.*	Mesmo que você não saiba ajudar, encaminhe o hóspede a uma pessoa que possa resolver seu problema ou dúvida. Evite falar apenas que não sabe, pois desta forma, não estará ajudando.

BONUS 6

Aqui estão algumas sugestões para que você revise os conteúdos deste capítulo:

I. Prepare um *folder* em inglês para fazer propaganda do hotel em que trabalha. Descreva as dependências e todos os serviços que o hotel oferece. Faça-o bem atraente para conquistar novos hóspedes!
Dica: Você pode usar **There is** e **There are** para começar.

II. Prepare um diretório do hotel em que trabalha em inglês, ele vai servir de guia aos hóspedes estrangeiros. Você pode fazer um mapa e uma lista de horários de funcionamento, incluindo todas as informações principais.

III. Pense agora que um hóspede com deficiência visual não poderia ter acesso ao material que você criou. Que tal gravá-lo em um CD utilizando um microfone?

QUIZ 6

DESAFIO

Faça o teste a seguir. Se você acertar pelo menos 8 das 10 questões, você está de parabéns, pois terá encerrado o curso! Se acertar menos que isso, por que não faz uma revisão do capítulo?

EXERCISE I

Listen to the guests' requests and mark the correct answer:

1.		4.	
a.	It takes about 2 hours.	a.	24 hours.
b.	It costs R$ 65,00 round trip.	b.	From 6 to 10 pm.
c.	You should take a taxi.	c.	From 6 to 10 am.
d.	Would you like a taxi?	d.	At 7 am.
e.	The bus stop is on the right corner.	e.	On the ground floor.

2.
   a. It is in the bathtub.
   b. They are in the closet.
   c. Laundry will take care of that for you.
   d. It is in the closet.
   e. Please call extension 9.

3.
   a. Yes, ma'am. Cross the street.
   b. Yes, ma'am. It's on the second floor.
   c. No, ma'am. The sauna is next to the bank.
   d. Yes, ma'am. I'll bring it right away.
   e. Yes, ma'am. Please, dial 0.

5.
   a. You should take a taxi, sir. It's about 20 minutes from here.
   b. Go up one floor, it's between the pool and the bar.
   c. We have a free transfer to the train station, sir.
   d. The shopping mall is open from 11am to 11pm.
   e. Would you like us to park your car?

6.
   a. From 6 to 10 am.
   b. 24 hours.
   c. From 10 am to 10 pm.
   d. From 6 am to 1pm.
   e. From 10 am to 4 pm.

EXERCISE II

Listen to the guest's request and put the number next to the corresponding picture. Two pictures will be left out on purpose:

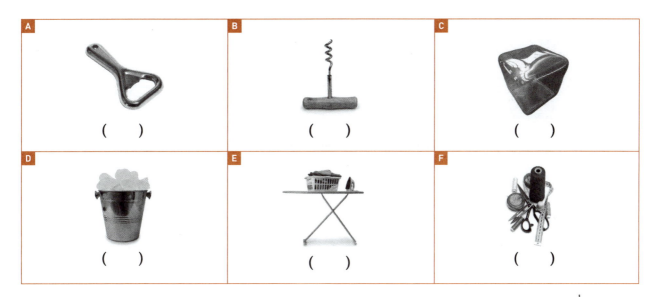

Seus acertos:

CHAPTER 6 – ANSWERS

SITUATION 1

COMPREHENSION

1.	(V)	I can't see the laundry bag.
2.	(F)	It is on the safe in the closet.
3.	(F)	I need some paper and envelopes.
4.	(F)	They are in the folder in the drawer.
5.	(V)	The iron and the ironing board are in the closet.

EXERCISES

I. Respostas pessoais

II. Respostas pessoais
Comece com *It is* para singular e *They are* para plural.

THINK ABOUT

Respostas pessoais

SITUATION 2

COMPREHENSION

1.	(V)	Is there a ladies' room in the lobby?
2.	(V)	Across from the lobby.
3.	(V)	It's on the top floor.
4.	(V)	Can you tell me how...?
5.	(F)	Do you have other kinds of pillows?
6.	(V)	What time is...?

EXERCISES

I. 1-D, 2-L, 3-D, 4-L, 5-L, 6-D

II. Respostas pessoais

CHAPTER 6 | GENERAL INFORMATION | 227

THINK ABOUT

Respostas pessoais

SITUATION 3

COMPREHENSION

1.	(V)	We have a free shuttle service to the International Airport.
2.	(V)	every 20 minutes from 5 am to midnight.
3.	(F)	transfer service to some shopping centers.
4.	(F)	transfer service to some shopping centers.
5.	(F)	D 1 – We have a free shuttle service. / D 2 – R$ 100,00.
6.	(V)	a pass for three days.

EXERCISES

I.

a. Você pode escrever sobre algo que você faz duas vezes por mês, no hotel, por exemplo: *We clean windows twice a month.*

b. Você pode escrever sobre algo que você faz a cada 30 minutos, por exemplo: *We check the lobby every 30 minutes.*

c. Você pode escrever sobre algo que faz durante um período de tempo, por exemplo: *I work from 7 am to 3:30 pm.*

d. Você pode escrever sobre algo que faz nos dias da semana, por exemplo: *I study English on weekdays.*

II.

A *frase 1* combina com as frases *a, b, e* e *g.*

A *frase 2* combina com as frases *d* e *f.*

A *frase 3* combina com as frases *b* e *c.*

A *frase 4* combina com as frases *b* e *c.*

A *frase 5* combina com as frases *a* e *g.*

A *frase 6* combina com as frases *a, e* e *g.*

A *frase 7* combina com as frases *a* e *g.*

THINK ABOUT

I.   Resposta sugerida: A combinação *1g* também não menciona para onde vai o ônibus.

II.   Respostas pessoais

SITUATION 4

COMPREHENSION

1.	(V)	Where can I find a drugstore around here?
2.	(V)	It's on Paulista Avenue.
3.	(F)	Where is the bank?
4.	(V)	Walk to the corner.
5.	(F)	You should take a taxi.
6.	(V)	I'd like to go to an exchange bureau.

EXERCISES

I.   1.D,   2.L,   3.L,   4.D,   5.D,   6.L

II.   Respostas pessoais

THINK ABOUT

Respostas pessoais

VOCABULARY

Room Items II

1, 8, 2, 7, 9, 4, 6, 3, 5

BASICS

Time II

I.

1.	11:05	5.	15:15	9.	1:30	13.	12:05
2.	20:50	6.	22:20	10.	2:55	14.	20:15
3.	10:25	7.	21:35	11.	3:45	15.	8:45
4.	11:40	8.	14:10	12.	4:55	16.	5:05

II.   Respostas pessoais

Ordinal numbers, months and dates

I.

1. 01/21/1944

2. 09/30/1907

3. 08/2/2005

4. 12/23/1970

5. 03/21/2001

6. 10/5/1992

II.   Resposta pessoal

Numbers III

I.

1.	2,003	5.	3,100	9.	5,709	13.	9,942
2.	10,030	6.	20,600	10.	30,880	14.	100,000
3.	6,500	7.	14,000	11.	1,470		
4.	8,015	8.	7,250	12.	4,310		

II.

Complete form: 4, 8, 2, 3, 9, 7, 6, 1, 5

Short form: 2, 4, 9, 7, 1, 6, 5, 3, 8

BONUS 6

Respostas pessoais

QUIZ 6

TAPESCRIPT	RESPOSTA	DICA DA PROFESSORA
EXERCISE I		
1. How much is a bus trip to Búzios?	b	Ele está pedindo valores.
2. Where is the laundry bag?	d	Geralmente é colocada ali.
3. Is there a heated pool in the hotel?	b	Se há uma em seu hotel, após confirmar, você deve informar onde fica.
4. What time is breakfast served?	c	Apesar de poder variar de hotel para hotel, não há outra resposta possível.
5. How can I get to the nearest shopping mall?	a	Ele pediu orientação de como chegar ao shopping.
6. What time are banks open in Brazil?	e	Apesar de poder variar de cidade para cidade, não há outra resposta possível.
EXERCISE II		
1. Chambermaid, I need a **corkscrew**, please.	b	
2. The **ice bucket** is not on the coffee table.	d	
3. Can I have a **sewing kit**?	f	
4. Attendant, where is the ironing board?	e	

CD TRACK LIST

Getting started
Introductions and greetings **TRACK 1**
Useful language **TRACK 2**
For emergencies **TRACK 3**

Chapter 1
Situation 1 **TRACK 4**
Situation 2 **TRACK 5**
Situation 3 **TRACK 6**
Situation 4 **TRACK 7**
Situation 5 **TRACK 8**
Luggage **TRACK 9**
Equipment **TRACK 10**
Numbers I **TRACK 11**
Time I **TRACK 12**
Prepositions **TRACK 13**
Quiz 1 **TRACK 14**

Chapter 2
Situation 1 **TRACK 15**
Situation 2 **TRACK 16**
Situation 3 **TRACK 17**
Situation 4 **TRACK 18**
Situation 5 **TRACK 19**
Situation 6 **TRACK 20**
Room items I **TRACK 21**
Minibar items **TRACK 22**
Clothes **TRACK 23**
Laundry actions **TRACK 24**
Laundry complaints **TRACK 25**
Numbers II **TRACK 26**
Days of the week **TRACK 27**
Colors **TRACK 28**
Quiz 2 **TRACK 29**

Chapter 3
Situation 1 **TRACK 30**
Situation 2 **TRACK 31**
Situation 3 **TRACK 32**
Bathroom **TRACK 33**
Furniture **TRACK 34**
Quiz 3 **TRACK 35**

Chapter 4
Situation 1 **TRACK 36**
Situation 2 **TRACK 37**
Situation 3 **TRACK 38**
Personal belongings **TRACK 39**
Quiz 4 **TRACK 40**

Chapter 5
Situation 1 **TRACK 41**
Situation 2 **TRACK 42**
Situation 3 **TRACK 43**
Situation 4 **TRACK 44**
Situation 5 **TRACK 45**
Bathroom amenities **TRACK 46**
Toiletry and medicine **TRACK 47**
Alphabet **TRACK 48**
Quiz 5 **TRACK 49**

Chapter 6
Situation 1 **TRACK 50**
Situation 2 **TRACK 51**
Situation 3 **TRACK 52**
Situation 4 **TRACK 53**
Room items II **TRACK 54**
Hotel places **TRACK 55**
Indoor locations and directions **TRACK 56**
Time II **TRACK 57**
Ordinals, months and dates **TRACK 58**
Public places **TRACK 59**
Numbers III **TRACK 60**
Outdoor locations and directions **TRACK 61**
Quiz 6 **TRACK 62**

Este livro foi impresso em maio de 2012
pela Yangraf Gráfica e Editora Ltda.,
sobre papel offset 90 g/m².